아이러브 파스타

일러두기

* 이 책에서 소개한 요리는 모두 2인분 기준입니다.
  (단, 라구소스처럼 오랜 시간 끓이는 요리는 깊은 맛을 위해 4인분을 기준으로 하였습니다.)

* 파스타 1봉지는 500g으로 성인 5인 기준입니다.
  (100g/1인 기준이나 소스의 내용물에 따라 가감됩니다.)

* 계량스푼과 계량컵이 없을 때
  1T=1큰술=15cc=밥숟가락 2개(액체=식초, 오일)=밥숟가락 소복하게 1개(가루=설탕, 소금)
  1t=1작은술=5cc=분홍아이스크림스푼 2개
  1C=200cc=200ml 우유팩 1개 분량 (접힌 부분 제외)
  1L=1000ml

* 마늘 1쪽은 엄지손가락 1마디 크기의 것을 기준으로 합니다.
* 양파 1/4개는 50g 기준입니다.
* 고기류나 양송이, 토마토 등 무게로 되어있는 것은 구입할 때 저울을 확인하세요.
* 요리 재료 중 이탈리아 고추인 '페페론치노'를 구하기 어려울 때는 작고 매운 '베트남 고추'를 사용하거나, 우리나라의 말린 '홍고추'를 사용해도 됩니다.
* 요리 재료 중 파슬리는 '이탈리안 파슬리(향나물)'를 사용하였지만 일반 파슬리를 사용해도 됩니다.

아이러브 파스타

상큼·발랄 그녀들을 위한 똑똑한 레시피

강경아 지음

PAPRIKA 파프리카

Buon Apetito!!

행복한 식사 하세요~

추 천 사

맛있는 음식을 만들면서 행복을 느끼는 사람, 음식을 맛있게 먹으면서 행복감에 젖는 사람, 아름답고 정갈한 식탁에서 식사하는 것을 일상의 소중한 행복으로 여기는 사람들이 점차 늘고 있습니다. 강경아 씨는 그 세 가지 모두에 행복을 느끼는 사람입니다.

이 책은 국내에서 디자이너, 푸드스타일리스트로 활동하던 강경아 씨가 이탈리아 로마에 있는 아 타볼라 콘 로 셰프(A Tavola con lo Chef) 요리학교에서 공부하고, 현지에서 2년간 이탈리아 가정식 요리를 공부한 후 출간한 책이라 더욱 기대가 큽니다.

강경아 씨는 음식을 만들 때 누구보다 재료를 다루는 손길에 정성이 들어가 있습니다. 또한 만드는 과정에서 그 정성을 듬뿍 넣어 누구나 반할만한 요리를 만들어 냅니다. 가구를 디자인했던 감성적인 감각과 컬러감이 그녀의 음식을 더욱 다채롭게 만들어 주는 듯합니다.

이 책을 통하여 강경아 씨의 남다른 음식 솜씨가 또 다른 손맛으로 탄생되어 우리의 식문화를 더욱 다양하고 풍부하게 만드는 계기가 되었으면 좋겠습니다. 이 책을 선택한 독자들이 쉽고 맛있는 이탈리아 음식을 식탁에 차려낼 수 있기를 기대해 봅니다.

2008년 1월

푸드 스타일리스트

쥬니스 푸드 앤 데코 대표 강 홍준

우리의 첫 만남은 언제였던가. 내가 진행하던 토크쇼였던 것 같기도 하고 공연을 마치고 젖은 머리를 하고 나와서인 것 같기도 하다. 그녀를 처음 만났을 때는 파티시에(Patissier)라고 생각조차 하지 못했었다.

나는 그녀가 운영하는 사랑스러운 가게의 첫 고객으로 찾아가 그녀가 일하는 모습을 본 적이 있다. 그녀의 일하는 모습에서 나와 비슷한 점을 느꼈다. 그녀도 배우였다. 음식을 만드는 그녀는 조리대 뒤에서 모노드라마를 하고 있었다.

반죽을 주무를 때의 춤을 추고 있는 듯 한 열정, 일에 집중하고 있을 때의 정적, 순간적으로 원하는 모양이 나오지 않았을 때의 탄식소리 등이 희로애락을 담아내는 것처럼 느껴졌다. 그 모습을 지켜보고 있노라면 같이 음식을 만드는 기분이니 말이다. 그리고 제일 중요한 것, 자신의 작품(음식)이 관객(손님)에게 감정적인 동요를 일으킨다는 점에서 그녀는 배우를 닮았다.

그녀는 정이 넘치는 한국인이다. 그리고 그녀는 서양요리에 한국적인 정을 담는다. 부족함 없는 인심과 겸손과 사랑을 담아서, 마치 우리어머니처럼 고개를 들이밀고 물어본다.

"맛있어?"

"응. 진짜 맛있어! 친구야~"

뮤지컬 배우 이 석준

Prologue

"수리수리 마수리~ 뚝딱뚝딱 얍!"

어릴 적, 엄마는 우리 남매에게 마법사였습니다. '지글지글~' '폭폭폭~' '쫘아~' 부엌에서 들려오던 소리들. 솔솔 코끝을 자극하며 아침 단잠을 깨우던 맛있는 유혹. 지금 생각하면 어린 시절 맛있는 음식을 해주시던 엄마의 영향으로 자연스럽게 요리에 관심을 갖게 된 것이 아닐까 싶네요

어릴 때부터 무엇이든 손으로 만드는 것을 좋아했던 저는 푸드 스타일링을 하면서 본격적으로 요리에 눈을 뜨게 되었답니다. 여기저기 쿠킹클래스를 찾아다니며 여러 분야의 다양한 요리를 배우고 접했죠. 다행히 엄마의 영향인지, 음식을 만드는 재능이 조금은 있었던 것 같습니다. 맛있는 음식을 보면 나름대로 비슷하게 만들어낼 수가 있었으니까요.

여러 가지로 재충전이 필요했던 2002년 봄, 저는 훌쩍 이탈리아로 날아갔습니다.

밀라노에서 평생을 요리사로 일하다가 은퇴하고 고향에 내려와 노년의 삶을 살고 계신 요리사 할머니와의 만남은 제게 큰 행운이었습니다. 엄청나게 큰 몸집에 백발의 할머니. 수업 첫날 이탈리아 요리가 뭐냐고 물으시고는 주저하는 내게 "이탈리아 요리란 없다."라는 말로 저를 당황하게 만들었습니다. 그리고는 덧붙인 말씀은 이러했습니다.

"이탈리아 요리를 한마디로 말하기에는 너무나 다양한 음식이 있다. 각 지역마다, 각 집안마다 그들만의 특별함이 있다."

이탈리아에서 만난 이탈리아 요리는 한국에서 생각했던 것처럼 어렵고 화려한 것이 아니었습니다. 만든 사람의 정성으로 가슴 따뜻해지는, 소박하고 정직한 맛, 바로 그것이었습니다.

제가 이 책에서 소개하는 모든 요리는 지금도 이탈리아의 어느 부엌에서 매일같이 누군가가 만들고 있는 요리들입니다. 그만큼 일상적인 요리들이죠. 막연히 "이탈리아 요리는 어렵다." "집에서 어떻게 이탈리아 요리를 만들어?" 하시는 분들에게 주저 없이 냄비에 물을 끓이고 파스타를 삶으라고 말씀드리고 싶습니다.

부엌에서 칼 한번 안 잡아봤다는 A씨, 요리에 관심 없고 하는 건 더더욱 취미도 없는 B씨도 제가 준 레시피로 웃고 떠들며 파스타 한 그릇을 완성했습니다. 그 사람 감탄하며 "진짜 내가 만든 거 맞죠?"라며 몇 번이고 확인하던 모습을 보고 제가 한마디 합니다.

"어때 밥보다 쉽지?"

이제 용기를 가지고, 예전 저희 어머니가 그러셨듯이 맛있게 주변을 유혹해보세요. 준비되셨죠? 그럼 함께 만들어봐요~~

2008년 3월

다비체(Cooking & Baking Studio)에서

강경아

contents

Lesson 3

와인으로 맛을 낸 담백한 파스타

Lesson 4

올리브오일을 이용한 파스타

Lesson 5

오븐에 구워 내는 파스타

Lesson 6

스페셜 파스타 뇨끼와 이탈리아식 만두

Pasta & Wine

Lesson 7

안티파스토 파스타를 돋보이게 하는 전채요리

Lesson 8

입속을 깔끔하게 정리하는 샐러드

Lesson 9

미소를 짓게 만드는 사랑스런 디저트

파스타 이야기

Pasta

파스타. 파스타가 대체 뭔데 파스타, 파스타 하는 걸까? 스파게티가 무엇인지는 알아도 파스타가 뭐냐고 물어보면, 많은 사람들이 대답을 주저하더군요. '스파게티는 이태리 음식인데 파스타는 어디 음식이야?' 라는 말도 가끔 듣습니다. 이탈리아어로 파스타 Pasta란 밀가루에 물을 섞어 만든 모든 국수의 종류를 말합니다. 쉽게 말하면 우리나라의 칼국수도, 수제비도, 라면도 만약 이탈리아 음식이었다면 다 파스타라고 말할 수 있다는 거죠. 그러니까 우리가 알고 있는 스파게티 spaghetti도, 라자냐 lasagna도, 패밀리 레스토랑의 크림소스 페투치네 fettuccine도 모두 다 파스타라는 것입니다.

파스타는 크게 건조파스타와 생파스타로 나눌 수 있습니다. 건조파스타는 옛날 아라비아 상인들이 사막을 건널 때 상하기 쉬운 밀가루를 반죽으로 만들어 얇게 밀고 말아서 건조시켜 실에 꿰어 가지고 다니던 것에서 시작됐다고 합니다. 11세기에 시칠리아를 점령한 아라비아인들에 의해서 처음 전해지고 시칠리아 섬의 기후와 조건이 건조파스타를 만들기에 적합해 처음 그곳에서 생산되었다는 기록이 전해집니다.

건조파스타는 밀가루 중에서도 밀단백질인 글루텐 Gluten을 많이 함유하고 있는 듀럼 Durum밀을 빻은 세몰라 Semola가루로 만듭니다. 차지게 반죽된 덩어리를 다양한 모양의 구멍이 뚫린 틀에 통과시켜 국수를 뽑아내는데 그 모양에 따라서 다양한 이름이 붙여지게 되는 것이죠. 또한 반죽을 할 때 시금치, 당근, 토마토, 오징어먹물 등을 넣고 반죽하면 독특한 색깔의 파스타를 만들 수 있습니다.

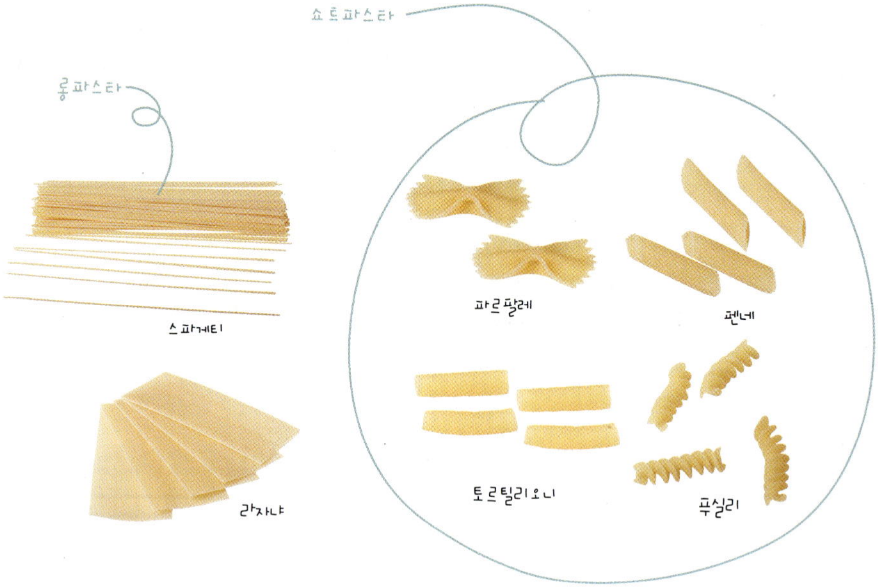

파스타는 모양에 따라 롱파스타와 쇼트파스타로 나눕니다. 스파게티, 스파게티니 spaghettini, 카펠리니capellini, 링귀니linguine, 부가티니bucatini처럼 긴 국수모양의 파스타를 롱파스타라고 합니다. 스파게티, 스파게티니, 카펠리니는 모두 단면이 원형인 파스타인데 그 두께에 따라서 이름을 다르게 부릅니다.

쇼트파스타는 말 그대로 짧은 파스타를 말하는데 역시 모양에 따라 이름이 다릅니다. 나비모양의 파르팔레farfalle, 펜촉 모양의 펜네penne, 고동모양의 콘길리에conchiglie, 나선형 스프링모양의 푸실리fusilli등이 쇼트파스타의 대표입니다. 그 외에도 원통모양의 마카로니macaroni, 토르틸리오니tortiglioni, 리가토니rigatoni, 원형바퀴모양의 로텔레rotelle, 귀모양의 오레끼에떼orecchiette, 알파벳모양의 알파베토 alfabeto, 크리스마스 시즌에 나오는 소나무, 장화, 선물상자 모양의 파스타도 있습니다. 이탈리아에는 파스타 디자이너가 있을 정도로 모양이 아주 다양합니다.

생파스타의 반죽은 강력분과 박력분을 적절히 섞어서 만드는데, 밀가루와 물, 올리브오일만으로 만드는 것도 있고 계란을 넣어 만드는 것도 있습니다.

생파스타 반죽을 밀어서 칼국수처럼 만든 면을 탈리아텔레 tagliatelle라고 하고 넓은 판 모양으로 자른것을 라자냐라고 합니다. 또한 만두처럼 속을 채워 만드는 라비올리 ravioli나 토르텔리니 tortellini도 생파스타를 이용해 만드는 것입니다.

파스타 삶기

Ingreients 4인분

물 4L

소금 4T

파스타 400g

Recipe

1 파스타 전용의 깊은 냄비 또는 집에 있는 큰 냄비에 물을 충분하게 넣고 끓인다. 물의 양이 넉넉해야 파스타가 삶아지면서 서로 달라붙지 않는다.

2 물이 팔팔 끓으면 준비한 소금을 넣고 파스타를 냄비 가장자리에 부채꼴 모양으로 넣는다.

3 면이 모두 가라앉으면 한번 저어주고 뚜껑을 덮어 삶는다. 가끔 달라붙지 않게 나무주걱으로 젓는다.

4 7~8분 정도 지나 면이 부드러워지고 젓가락에 감기는 상태가 되면 한 가닥 꺼내어 상태를 확인해볼 것. 가운데를 손으로 끊어서 얇은 하얀 심이 남아 있는 알덴테(al dente: 씹히는) 상태인지 확인하고 취향에 맞게 익힌다.(보통 8분 삶았을 때 가장 맛있다.)

5 면을 체에 받쳐 물기를 뺀다. 이때 절대로 찬물에 헹구지 않는다. (덜 삶아진 면을 찬물에 헹구게 되면 다시 딱딱하게 굳는 경우가 생기고, 이런 면을 소스에 넣고 볶으면 시간도 오래 걸리고 면이 다시 데워지면서 면이 불어버릴 수 있다.)

*파스타 양은 스파게티를 기준으로 보통 1인분에 100g입니다. 그러나 코스 요리에서는 그 양을 60g정도로 줄이세요.

*파스타를 삶을 때 소금을 넣으면 면에 탄력이 생기고 기본적인 간이 됩니다.

*파스타 삶은 물은 나중에 소스와 면을 버무릴 때 농도 조절용으로 사용하세요.

이탈리아 요리, 잘 알고 있나요?

이탈리아 요리는 무엇인가요?

이탈리아하면 가장 먼저 떠오르는 것이 무엇인가요? 바로 피자 Pizza와 스파게티 Spaghetti가 아닐까요? 피자와 스파게티 빼면 뭐가 있냐고 물어보는 사람들도 있습니다. 그건 아마도 이 두가지가 우리나라에 가장 대중적으로 퍼진 음식이기 때문일 것입니다. 이탈리아 사람들이 매일매일 피자랑 스파게티만 먹지는 않습니다. 우리나라 사람들처럼 밥도 먹습니다. 그 조리법이 조금 다르기는 하지만요.

우리처럼 남북으로 긴 반도국가인 이탈리아에도 사계절이 뚜렷이 존재합니다. 계절과 지역에 따라 다양한 식재료들이 생산되어서 특색 있는 조리법과 음식들이 발전해 왔습니다. 중부와 남부에서는 올리브오일을, 북부에서는 버터를 많이 이용합니다. 나폴리 Napoli, 시칠리아 Sicilia 등의 남부 해안가에서는 해산물을 이용한 요리가 발달했고, 전체적으로 맵고 짠맛이 강합니다. 밀라노 Milano를 중심으로 제노바 Genova, 베네치아 Venezia, 볼로냐 Bologna를 포함하는 북부지방은 알프스산맥을 접하고 있어 육류와 치즈, 쌀 요리가 발달했습니다.

우리에게 고추가 있다면 그들에게는 토마토가 있습니다. 이탈리아에 토마토가 전해진 것은 신세계 발견 이후 스페인을 통해 시칠리아 섬으로, 다시 나폴리로 이어지면서입니다. 처음에는 관상용이었는데 16세기 중반 이후부터 토마토를 요리에 사용했습니다. 고추가 우리나라에 전해진 것이 조선시대이고 그때부터 우리의 김치가 빨갛게 된 것처럼 이탈리아에서 토마토를 식용으로 사용해서 지금과 같은 토마토소스를 본격적으로 먹기 시작한 것은 불과 2~3세기 전의 일이랍니다. 토마토소스와 파스타가 만난 건 19세기 나폴리가 처음이라고 하니까 스파게티와 피자도 처음부터 빨간색은 아니었나 봐요.

자, 이제는 이탈리아 요리가 어떻게 구성되는지 알아볼까요?

안티파스토(Antipasto)-전채요리

식사 전에 입맛을 돋우는 애피타이저 Appetizer를 말합니다. 차가운 전채와 따뜻한 전채로 나뉘어지고 계절에 따라 다양한 안티파스토를 먹습니다. 대표적인 안티파스토로는 와인홍합찜, 해산물토마토찜이 있으며, 프로슈토 메로네 Prosciutto e Melone와 카프레제 Caprese와 같이 차가운 안티파스토도 있습니다.

프리모 피아토(Primo Piatto)- 첫 번째 요리

첫 번째 접시라는 뜻의 프리모 피아토는 주로 곡류를 이용한 요리를 말합니다.

파스타, 리조토가 대표적인 프리모 피아토이고 피자와 이탈리아식 스프의 일종인 주빠 Zuppa, 미네스트로네Minestrone도 모두 이에 해당합니다. 점심에는 주로 파스타나 피자를 먹고 저녁에는 스프 종류를 먹습니다.

세콘도 피아토(Secondo Piatto)-두 번째 요리

세콘도 피아토는 두 번째 접시를 뜻합니다. 주로 고기요리나 해산물 등의 주요리가 여기에 해당합니다. 콘토르노 Contorno라 불리는 야채요리가 곁들여 지는데 주로 감자요리나 삶아 볶은 시금치 요리, 구운 마늘요리가 대표적입니다. 세콘도 피아토 이후 인살라타 Insalata라고 하는 샐러드를 먹습니다. 우리나라에서는 샐러드를 처음부터 먹지만 이탈리아에서는 기름진 메인요리 뒤에 입맛을 정리하는 의미로, 주로 뒤에 먹습니다.

돌체(Dolce)와 카페(Caffe)-디저트와 커피

돌체는 '달콤한' 이라는 뜻처럼 식후의 디저트를 말하는데, 아이스크림, 과일, 케이크, 타르트 등 다양한 것을 먹습니다. 그중에서도 티라미수가 가장 대표적이고, 판나코타 Panna cotta나 바바레제 Bavarese와 같은 무스형태의 것들도 다양하게 즐깁니다. 식사 후에는 주로 진한 에스프레소 Espresso를 마십니다. 일반 커피 잔보다 훨씬 작은 에스프레소 잔에 1/2정도의 양을 아주 진하게 마십니다.

이 외에도 아페리티보 Aperitivo라고 하여 결혼식 등의 행사 때 식사를 하기 전 분위기를 즐기면서 스탠딩 형식으로 서서 먹는 음식들이 있습니다. 주로 손으로 집어 먹을 수 있는 핑거푸드와 샴페인 등의 식전주가 함께 준비됩니다.

식사 중간에 와인을 함께 마시는 것이 일반적이고, 식사 후에는 식후주를 마시기도 합니다. 식후주는 주로 25~80도에 이르는 독한 것들을 선호하는데 그 대표적인 것이 바로 그라빠 Grappa라고 하는 술입니다.

일반적인 이탈리아 식사의 구성은 이 정도입니다.

그러나 모든 이탈리아인이 식사를 이렇게 꽉 차게 먹지는 않습니다. 주로 가정에서 저녁식사 한 끼 정도를 이 정도로 갖추어 먹으면 아주 잘 먹은 것이지요. 우리나라에서도 매 끼를 3첩, 5첩, 7첩 반상으로 갖추어 먹지 않듯이 말입니다.

바쁜 현대의 이탈리아인들은 주로 아침에는 커피와 빵 한쪽 정도, 점심에는 간단한 피자나 파스타, 빠니니 Panini로 해결하고, 저녁을 잘 챙겨 먹는 편입니다. 그들의 저녁 식사는 주로 8시 이후에 시작되는데 보통은 2시간에서 3시간 이상 걸립니다. 오랜 시간 동안 웃고 이야기하면서 저 많은 음식들을 먹습니다.

그렇다고 모든 이탈리아인들이 풀코스의 저녁을 먹느냐? 물론 아닙니다. 근사한 레스토랑을 예약해 시간을 보내기도 하고, 가정에서 가족들과 또는 친구들과 파티를 하기도 하고 삼삼오오 모여서 핏제리아 Pizzeria에서 피자와 함께 와인을 즐기기도 하고…

사람 사는 곳은 어디나 마찬가지입니다. 상황에 따라 이렇게 저렇게. 그저 편하고 자유롭고 행복하게 좋은 사람들과 함께 식사를 하는 모습은 우리나라나 이탈리아나 다르지 않았습니다.

행복한 식사 하세요~ 부오나페띠또 Buon Apetito!!

Lesson 1

토마토소스를 이용한 파스타

한국인들의 입맛에 가장 무난한 토마토소스. 토마토가 빨갛게 익으면 의사의 얼굴은 하얗게 변한다는 말이 있습니다. 그만큼 토마토는 우리 몸에 좋은 성분을 많이 갖고 있습니다. 하지만 아무리 좋은 음식도 맛이 없다면 즐겨 찾지 않겠죠? 싱싱한 열정을 상징하는 붉은색의 토마토를 이용한 파스타의 매력에 빠져보세요.

Sugo di pomodoro

토마토소스 만들기

Ingreients

토마토홀 850g(1캔)

마늘 4쪽

후레쉬 바질 8장(말린 바질2t)

소금과 후추 약간

엑스트라버진 올리브오일 3T

Recipe

1 **토마토 손질** 토마토홀은 손으로 으깨면서 심과 꼭지부분을 제거한다.

2 **마늘 향내기** 마늘은 칼등으로 눌러 으깬 후 올리브오일 두른 팬에 넣어 약한 불에서 향이 우러나도록 볶는다.

3 **소스 끓이기** 1의 토마토를 팬에 넣고 센 불에서 끓기 시작하면 중간 불에서 졸이듯 끓인다.(말린 바질 사용 시 토마토와 함께 넣고 끓인다.)

4 **완성하기** 소금과 후추로 간을 하고 후레쉬 바질을 잘게 뜯어 넣고 살짝 센 불에서 끓여준다.

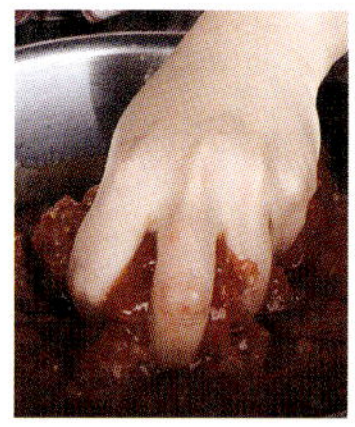

토마토소스는 작은 유리병이나 밀폐용기에 나눠 담아 냉동실에 넣어두고 필요할 때마다 사용하세요. 각종 요리에 사용할 수 있습니다.

Lesson 1

Spaghetti al pomodoro

'뽀모도로'는 이탈리아어로 '토마토'라는 거 아시죠?
기본 토마토소스를 그대로 즐기는 가장 쉽고 깔끔한 맛의 파스타입니다.
담백한 맛의 뽀모도로 스파게티 먼저 시작하겠습니다.

토마토가 제철인 여름에는 빨갛게 익은 생 토마토를 이용해도 좋아요. 토마토의 꼭지부분을 제거하고 반대쪽에 열십자로 칼집을 내고 끓는 물에 2~3분정도 살짝 익혀 껍질을 제거한 후 1cm 주사위 모양으로 썰어두고 만들기 3부터는 동일하게.

뽀모도로 스파게티

Ingreients 2인분

스파게티 180g
소금 3T, 물 4L
토마토홀 400g(1캔)
마늘 1쪽
양파(중) 1/3개
월계수잎 1장
엑스트라버진 올리브오일 3T
소금 · 후추 약간
말린 바질 1/2t
파마산 치즈가루 약간

Recipe

1 **재료 준비하기** 마늘은 나무주걱이나 칼을 뉘어 눌러서 으깨고 양파는 잘게 다진다. 토마토는 볼에 담아 꼭지부분을 제거하고 손으로 가볍게 으깬다.

2 **마늘 · 양파 볶기** 팬에 올리브오일을 두르고 마늘을 넣어 약한 불에서 마늘이 노릇해질 때까지 볶아 향을 내고 다진 양파를 넣어 투명해지도록 볶는다.

3 **소스 끓이기** 2의 팬에 으깬 토마토를 넣고 소금과 후추 말린 바질, 월계수 잎을 넣고 섞은 후 센 불에서 끓인다. 끓기 시작하면 중간 불로 낮춰 2/3정도의 양으로 줄 때까지 졸인다.

4 **스파게티 삶기** 끓는 물에 소금을 넣고 스파게티를 넣어 8분 정도 삶아 체에 건져 물기를 뺀다.

5 **완성하기** 삶은 면을 3의 완성된 소스에 넣고 버무리듯 볶아 접시에 담고 파마산 치즈가루를 뿌려 낸다. 후레쉬 바질이 있으면 장식한다.

일명 미트소스라고 불리는 라구소스는 볼로냐지방의 대표적인 소스입니다.
그래서 '볼로네제(Bolognese)' 라고도 합니다.
고기를 듬뿍 넣고 오래 끓일수록 구수한 맛이 우러납니다.

*토마토소스에 설탕을 조금 넣으면 특유의 신맛을 중화시킵니다.
*파스타 삶기와 소스가 완성되는 시점이 같으면 금상첨화.(동시에 만드는 것이 어려우면 소스를 먼저 만드는 것이 좋음.)

라구소스 스파게티

Ingreients 4인분

스파게티 380g, 물 4L, 소금 4T
양파(중) 1개, 샐러리 1대
당근(중) 1/2개, 올리브오일 4T
마늘 5쪽, 다진 쇠고기 200g
다진 돼지고기 100g, 레드와인 1C
쇠고기육수(물) 2C
토마토홀 850g(1캔)
버터 2T, 설탕 2t, 말린 바질 1t
월계수잎 2장
이태리고추(페페론치노) 4개
다진 파슬리 · 소금 · 후추 약간

Recipe

1 **야채 다지기** 양파, 샐러리, 당근은 잘게 다지듯 썰고 마늘은 곱게 다진다.

2 **재료 볶기** 달군 팬에 올리브오일 2T을 두르고 1을 넣어 충분히 볶은 후, 올리브오일 2T를 더 넣고 다진 고기를 넣어 갈색이 될 때까지 볶은 후. 약간의 소금과 후추를 넣어 간한다.

3 **와인 넣기** 2에 레드와인을 넣고 센 불에서 끓여 알코올을 증발시켜 고기의 잡냄새를 제거한다.

4 **소스 끓이기** 쇠고기 육수(물) 1컵과 나머지 재료를 모두 넣고 약한 불에서 50분 정도 끓인다. 중간에 나머지 육수(물)를 조금씩 넣으며 저어줄 것.

5 **스파게티 삶기** 팔팔 끓는 물에 분량의 소금을 넣고 스파게티를 넣어 8분 정도 삶아 체에 밭쳐 물기를 뺀다.

6 **완성하기** 삶은 파스타는 뜨거울 때 소스 팬에 넣고 버무리거나, 삶은 파스타를 바로 접시에 담고 완성된 소스를 올려 먹는다.

Spaghetti al Ragu'

Lesson 1

Lesson 1

Penne all' arrabbiata

아라비아따(Arrabbiata)는 이탈리아어로 '화난, 성난' 이라는 뜻입니다.
이탈리아 고추인 페페론치노(Peperoncino)를 넉넉하게 넣어 화가 난 듯
맵게 느껴지는 맛이 포인트랍니다.

올리브오일에 마늘향이 충분히 우러난 다음에 페페론치노를 넣어야 타지 않습니다. 베이컨과 양송이버섯을 바짝 볶아 넣으면 매운맛 속의 부드러움을 함께 느낄 수 있습니다.

아라비아따 펜네

Ingreients 2인분

펜네 160g
페페론치노 2~4개
마늘 1쪽
파슬리 1줄기
올리브오일 1 · 1/2T
토마토홀 400g
설탕 · 소금 약간

Recipe

1 **재료 준비하기** 마늘은 다지고 고추는 칼등으로 으깬다. 토마토는 볼에 담아 꼭지가 있던 단단한 부분을 제거해 손으로 으깨고, 파슬리는 잎만 따서 다진다.

2 **펜네 삶기** 물을 넉넉하게 담고 소금을 넣고, 펜네를 넣고 12~15분 정도 끓인다.

3 **소스 만들기** 올리브오일을 두른 팬에 마늘을 넣고 약한 불에서 향이 나도록 한 후 페페론치노를 넣어 타지 않게 볶는다. 토마토를 넣고 약간의 설탕과 소금을 넣고 양이 2/3가 될 때까지 센 불에서 조린다.

4 **완성하기** 삶아진 펜네를 체에 붓고 물기를 충분히 뺀 후 완성된 소스에 넣어 버무리고 파슬리를 뿌린다.

스파게티 알라 푸타네스카

Ingreients 2인분

스파게티 200g
물 2L, 소금 2T
마늘 2쪽, 엔초비 4~5개
올리브오일 3~4T
토마토홀 250g
블랙올리브 12개
케이퍼 1T
페페론치노 1개
말린 바질 · 소금 · 후추 약간

Recipe

1 **재료 준비하기** 마늘은 얇게 저며 썰고, 엔초비는 잘게 다지거나 포크로 으깨놓는다. 블랙올리브는 둥근 모양을 살려 3등분하고, 케이퍼는 다진다. 토마토홀은 손으로 으깨어 가운데 심과 꼭지부분을 제거한다.

2 **마늘 · 엔초비 볶기** 팬에 올리브오일을 두르고 마늘을 넣어 중간 불에서 향을 내고 다진 엔초비를 넣어 볶으면서 으깬다.

3 **소스 끓이기** 2에 준비한 블랙올리브와 케이퍼, 으깬 토마토, 페페론치노, 말린 바질을 약간 넣고 15분 정도 끓인 후 소금, 후추로 간을 한다.

4 **스파게티 삶기** 끓는 물에 소금을 넣고 스파게티를 펼쳐 넣어 약 8분 정도 삶아 물기를 제거한다.

5 **완성하기** 삶은 스파게티를 3에 넣고 센 불에서 볶듯이 버무려 접시에 담아낸다. 후레쉬 바질이 있다면 장식을 해도 좋다.

*케이퍼(Caper)는 지중해 연안의 식물로 꽃봉오리 부분만 향신료로 사용됩니다.
*냉장고 속에 피망이나 양송이, 가지 등 조금씩 남아 굴러다니는 야채가 있다면 2의 과정에 함께 넣어 보세요. 냉장고 털이용 파스타로 그만입니다.

Spaghetti alla Puttanesca

Lesson 1

푸타네스카는 부엌에 있는 재료를 이용하여 만드는 보편적이면서 쉬운 파스타입니다.
맛이 단순하지만 세련되고 풍부하여 이탈리아 어디에서나 사랑받는 요리이죠.

Lesson 1

Spaghetti ai frutti di mare

어른 아이 할 것 없이 누구나가 좋아하는 스파게티.
어느 파스타 전문점의 베스트 메뉴라고 합니다.
우리는 집에서 도전해 볼까요?

*미리 준비된 토마토소스가 없으면 토마토홀을 으깨어 넣거나 시판용 토마토소스를 이용해도 됩니다.
*갑오징어 대신 오징어를 사용해도 좋아요. 단, 해산물은 너무 오래 끓이면 수분이 빠져 질겨지므로 단시간에 조리하세요.

토마토소스 해산물 스파게티

Ingreients 2인분

스파게티 180g
물 2L
소금 2T
올리브오일 2T
마늘 2쪽
새우(중하) 4마리
갑오징어 1/2마리
홍합 6개
모시조개 6개
바지락 10개
화이트와인 2T
토마토소스 1 · 1/2C
소금 · 후추 · 다진 파슬리 약간

Recipe

1 **해산물 손질하기** 모시조개나 바지락은 소금물에 담궈 하루 밤 정도 해감을 뺀다. 홍합은 수염을 떼어내고 솔로 문질러 씻고 새우는 머리와 꼬리 쪽 한마디를 제외하고 껍질을 벗긴다. 갑오징어는 껍질과 뼈를 제거하고 양쪽에 칼집을 넣어 2×3cm 크기로 자른다.

2 **재료 볶기** 달군 팬에 올리브오일을 두르고 마늘을 으깨어 넣고 향을 낸 후 손질한 갑오징어, 새우를 넣고 살짝 볶다가 홍합과 조개류를 넣고 볶는다.

3 **소스 만들기** 조개류의 입이 벌어지기 시작하면 화이트와인을 넣어 잡냄새를 제거하고, 토마토소스를 넣어 중간 불에서 은근하게 5분간 살짝 끓인다.

4 **스파게티 삶기** 넉넉한 물에 굵은 소금을 넣고 끓이다가 스파게티를 넣어 8분 정도 삶는다.

5 **완성하기** 3의 팬에 면을 넣고 센 불에서 살짝 볶은 후, 다진 파슬리를 넣고 소금, 후추로 간하여 마무리한다.

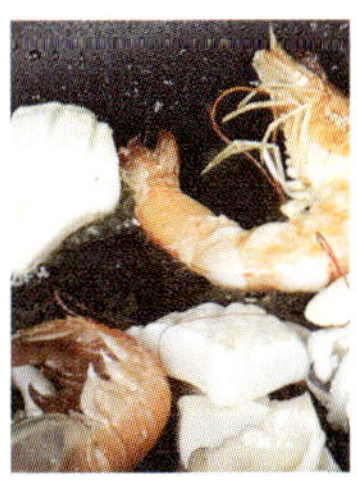

서양 요리에 자주 등장하는 주키니 호박은
진한 녹색의 길쭉한 호박입니다.
가볍고 산뜻해 다이어트나 건강식으로 좋습니다.

*생 토마토 대신 주사위 모양으로 썰어져 있는 토마토 통조림을 사용하셔도 됩니다.

*후레쉬 바질이 없으면 말린 바질을 사용해도 좋습니다.

주키니 호박 스파게티

Ingreients 2인분

스파게티 200g
물 2L
소금 2T
양파(중) 1/2개
주키니 호박(진한 녹색) 1/2개
토마토(중) 1개
엑스트라버진 올리브오일 3T
토마토소스 4T
페페론치노 1개
후레쉬 바질 · 소금 약간

Recipe

1 **재료 준비하기** 양파와 호박은 0.5cm 크기의 네모로 잘게 썬다. 후레쉬 바질도 잘게 썬다.
토마토는 끝부분에 +자로 칼집을 넣어 끓는 물에 살짝 데쳐 껍질을 벗기고 반으로 자른 후 꼭지와 씨를 제거한 뒤 작게 썬다.

2 **야채 볶기** 팬에 올리브오일을 두른 후 가열하여 양파를 넣고 중간 불에서 5분간 투명하게 볶는다. 호박을 넣고 2~3분간 볶은 후, 토마토를 넣어 살짝 볶는다.

3 **스파게티 삶기** 넉넉한 물에 굵은 소금을 넣고 끓이다가 스파게티를 넣어 8분 정도 삶고 물기를 제거한다.

4 **완성하기** 2에 삶은 면을 넣고 토마토소스, 바질을 넣어 살짝 볶은 후, 소금으로 간을 하고 페페론치노를 으깨어 넣고 마무리한다.

spaghetti alle zucchine

Lesson 1

Lesson 2

생크림을 이용한 파스타

실제 이탈리아에서는 크림소스를 그다지 즐기지는 않지만, 우리나라에서는 20~30대 여성들이 가장 선호하는 파스타가 바로 크림소스라고 합니다. 생크림을 이용해서 만들기 때문에 고소하고 부드러울 뿐 아니라 깊은 맛이 납니다.

Lesson 2

Spaghetti in crema di funghi e pancetta

가장 보편화된 크림파스타로 누구나 쉽게 만들 수 있습니다.
많은 사람들이 이 스파게티를 까르보나라로 알고 있습니다.
이탈리아에 가서 이것이라고 생각하고 까르보나라를 주문하시면 안 돼요.

생크림이 분리되지 않도록 주의하셔야 합니다. 중간 불에서 뭉근히 요리해야 분리되지 않습니다.

양송이 베이컨 크림 스파게티

Ingreients 2인분

스파게티 200g
물 2L
소금 2T
베이컨 4장
양송이버섯 6~8개
양파(중) 1/4개
마늘 2쪽
올리브오일 2T
화이트와인 4T
생크림 1C
소금 · 후추 약간
다진 파슬리 · 파마산 치즈가루 약간

Recipe

1 **재료 준비하기** 양파와 마늘은 잘게 다지고 양송이버섯은 0.5cm 두께로, 베이컨은 1cm두께로 썬다.

2 **재료 볶기** 팬에 잘게 썬 베이컨을 넣고 서서히 볶으며 기름을 닦아낸다. 여기에 올리브오일을 넣고 마늘과 양파를 넣어 노릇하게 볶은 후 와인을 넣어 잡냄새를 제거한다.

3 **생크림 넣기** 2에 양송이버섯을 넣어 살짝 볶아주고 버섯이 완전히 익기 전에 생크림을 넣고 뭉근히 끓인다.

4 **스파게티 삶기** 냄비에 넉넉히 물을 넣고 끓으면 굵은 소금을 넣고 스파게티를 8분 정도 삶는다.

5 **완성하기** 3에 4의 삶은 면을 건져 넣고 볶듯이 살짝 끓여 소스와 면이 어우러지도록 한 후 소금, 후추로 간을 하고 다진 파슬리와 파마산 치즈가루로 마무리한다.

Lesson 2

Farfalle alfredo

알프레도소스 새우 파스타

Ingreients 2인분

파르팔레 180g
물 2L
소금 2T
새우(중하) 150g
양파(중) 1/3개
양송이버섯 5~6개
버터 1T
화이트와인 2T
다진 파슬리 3t
올리브오일 1T
생크림 2C
우유 1/2C
파마산 치즈가루 2T
소금 · 후추 약간

Recipe

1 **재료 준비하기** 새우는 머리와 꼬리를 제외하고 껍질을 벗기고 등 쪽의 내장을 빼내 깨끗이 씻는다. 양파는 잘게 다지듯 썰고, 양송이는 5mm 두께로 썬다.

2 **새우 볶기** 달군 팬에 버터를 녹인 후 손질한 새우를 넣고 소금을 살짝 뿌려 볶다가 화이트와인과 다진 파슬리 1t를 넣고 노릇하게 익힌다.

3 **알프레도소스 만들기** 다른 팬에 올리브오일을 두르고 다진 양파를 넣어 투명해지도록 볶은 후 양송이버섯을 넣고 소금, 후추로 간하여 살짝 볶아준다. 여기에 생크림과 우유를 넣고 4~5분 정도 끓이다가 파마산 치즈가루를 넣고 1분 정도 끓인 후 다시 소금, 후추로 간한다.

4 **파르팔레 삶기** 파르팔레는 넉넉하게 물을 넣고 끓이다가 소금을 약간 넣고 10분 정도 삶아 낸다.

5 **완성하기** 3의 삶은 파르팔레와 2의 새우를 넣고 센 불에서 살짝 버무려 접시에 담고 다진 파슬리잎을 뿌려 낸다.

파르팔레(Farfalle)는 나비넥타이 모양의 파스타입니다. 가운데 중심부분이 두꺼워서 약 10분 정도 익혀야하지만 부드러움과 쫄깃함을 함께 느낄 수 있습니다.

알프레도소스는 크림소스의 일종으로
생크림과 파마산 치즈로 만듭니다.
우유를 넣어 좀 더 부드럽게 응용하기도 합니다.

피부에 좋고 피로회복에 좋은 '바다의 우유' 굴.
신선한 굴을 이용한 크림파스타를 만들어 보겠습니다.
굴이 제철인 겨울철에 영양식으로 제격이랍니다.

굴을 볶을 때는 나무주걱을 사용하세요. 팬을 돌리면서 굴의 알이 터지지 않게 조심해서 조리하셔야 합니다.

굴 크림 파스타

Ingreients 2인분

링귀니 160g
물 2L
소금 2T
생굴 200g
마늘 4쪽
양파(중) 1/2개
올리브오일 3T
화이트와인 1/2C
생크림 2/3C
우유 2/3C
파스타 삶은 물 1/2C
소금 · 후추 · 다진 파슬리 약간

Recipe

1 **재료 준비하기** 생굴은 알이 굵은 것으로 준비하여 소금물에 살살 흔들어 씻어 체에 밭쳐 물기를 제거한다. 마늘은 칼등으로 으깨고, 양파는 얇게 채썬다.

2 **링귀니 삶기** 큰 냄비에 물을 넉넉하게 담고 끓이다가 소금을 넣고 링귀니 파스타를 6분 정도 삶아 반 정도만 익힌 후 건져낸다.

3 **재료 볶기** 올리브오일을 두른 팬에 으깬 마늘을 넣고 약한 불에서 향이 우러나게 볶은 후 양파를 넣고 볶는다. 여기에 굴을 넣고 살살 볶다가 화이트와인을 넣고 센 불에서 잡냄새를 날린다.

4 **소스 완성하기** 3에 2의 파스타 삶은 물을 1/2컵 넣어 굴을 익힌다. 우유와 생크림을 넣고 팬을 살살 돌리면서 소스와 굴이 잘 어우러지게 섞는다.

5 **완성하기** 링귀니를 넣고 살살 돌려가며 소스와 면이 어우러지게 익히고 소금, 후추로 간을 하고 다진 파슬리를 뿌려낸다.

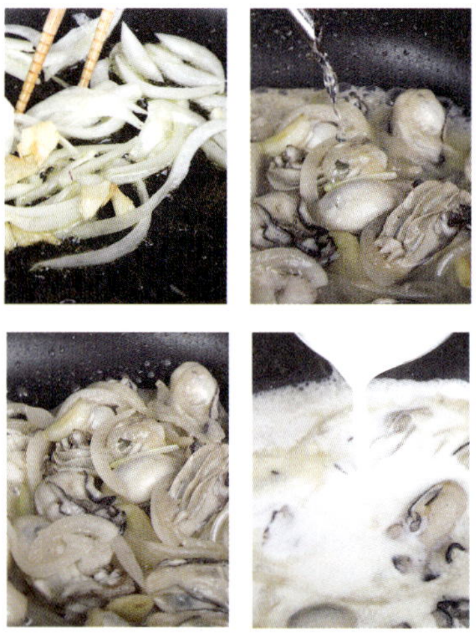

Linguine alle ostriche in crema

Lesson 2

Lesson 2

fusilli alla crema di spinaci

이 파스타를 본 지인들은 이탈리아에도 시금치가 있느냐고 묻습니다.
저는 그저 웃으며 한번 맛보라고 말합니다.
나물로만 생각했던 시금치의 변신을 기대하세요.

*시금치는 잘게 다져서 써도 좋고 믹서에 넛맥과 함께 곱게 갈아 사용해도 좋아요.
*냉동실에 잠자고 있는 새우가 있다면 마늘과 함께 볶다가 화이트와인으로 잡냄새를 없애고, 시금치와 생크림을 넣으면 또 하나의 파스타가 완성됩니다.

시금치 파스타

Ingreients 2인분

푸실리 200g
물 2L
소금 2T
어린 시금치 400g
마늘 1쪽
버터 30g
올리브오일 1T
넛맥가루 1~2T
생크림 2/3C
파마산 치즈가루 2T
소금 · 후추 약간

Recipe

1 **시금치 삶기** 시금치는 두꺼운 줄기를 제거하고 잘 다듬어 여러 번 씻는다. 끓는 물에 소금을 넣고 살짝 데친 후 찬물에 헹군다. 물기를 꼭 짜서 듬성듬성 1cm 간격 정도로 자른다.

2 **푸실리 삶기** 냄비에 물을 넉넉하게 넣고 끓이다가 소금 한 줌과 푸실리를 넣어 10분 정도 삶는다.

3 **재료 볶기** 다른 불에 팬을 올리고 버터와 올리브오일을 두르고 약한 불에서 다진 마늘을 넣어 향을 충분히 낸다.
1의 준비한 시금치를 넣고 소금과 넛맥가루로 간을 맞추고 약한 불에서 5분간 볶는다.

4 **생크림 넣기** 3에 생크림을 넣고 뭉근하게 끓인다.

5 **완성하기** 4에 삶아 건진 푸실리와 파마산 치즈를 넣고 한번 더 볶듯이 끓여 미리 따끈하게 데운 접시에 담아낸다.

Lesson 3

와인으로 맛을 낸 담백한 파스타

화이트소스는 크림소스일까요? 대답은 No~

이탈리아에서 화이트소스란 토마토소스도, 크림소스도 들어가지 않는 투명한 소스를 말합니다. 화이트와인과 어우러져 바다의 신선한 향기가 더욱 담백하게 다가오는 바로 그 파스타가 진정한 화이트…

즉, 비앙꼬(Bianco)라고 하는 것이죠.

Lesson 3

Spaghetti alle vongole in bianco

봉골레 스파게티

Ingreients 2인분

스파게티 160g
물 2L
소금 2T
바지락(껍질포함) 200g
모시조개 100g
물 2C
소금 2t
마늘 2쪽
페페론치노 3개
파슬리 2줄기
엑스트라버진 올리브오일 2T
화이트와인 1/4C

Recipe

1 **조개 해감빼기** 바지락과 모시조개를 물 2C에 소금 2t를 넣은 물에 담가 어두운 곳에서 1~2시간 정도 해감을 뺀 후 깨끗이 씻는다.

2 **재료 준비하기** 마늘과 페페론치노는 칼등으로 으깨고 파슬리는 다진다.

3 **재료 볶기** 팬에 올리브오일을 두르고 마늘을 넣어 약한 불에서 향을 내고 페페론치노를 넣어 볶는다. 손질한 바지락과 모시조개를 넣고 볶아 조개의 입이 벌어지기 시작하면 화이트와인을 넣어 센 불에서 잡냄새를 날린다. 뚜껑을 덮어 조개의 입이 벌어질 때까지 중간 불에서 익힌다.

4 **스파게티 삶기** 큰 냄비에 물을 넉넉하게 넣고 끓으면 소금을 한 줌 넣고 스파게티를 넣어 4~5분간 삶는다.

5 **완성하기** 삶아 건진 스파게티를 3에 넣고 젓가락으로 돌려가며 3~4분 정도 익힌다. 이때 파스타 삶은 물을 조금씩 넣어가며 면과 소스가 충분히 어우러지도록 하고 다진 파슬리를 넣어 마무리한다.

바지락을 넣고 너무 가열하면 안됩니다. 살이 졸아 통통함이 없어져 맛이 떨어지기 때문입니다.

조개와 화이트와인으로 맛을 낸 봉골레 스파게티는 얼핏 보면 쉬워 보입니다.
그렇지만 소스와 면이 얼마나 잘 어우러지느냐에 따라
맛의 정도가 달라지는 파스타이므로 좀더 '까칠하게' 만들어봅시다.

Lesson 8

Tortiglioni alle cozze

친구와 베네치아를 여행할 때 홍합 토르틸리오니를 맛있게 먹었습니다.
한국에 돌아온 후 친구에게 "뭐해줄까?"라고 물으면 항상 이 요리를 얘기하죠.
"베네치아에서 먹었던 홍합 들어간 파스타!" 추억을 더듬어 만든 파스타입니다.

*토르틸리오니(Tortiglioni)는 마카로니처럼 속이 빈 모양으로 손가락 굵기의 쇼트 파스타입니다.
*이 파스타는 넉넉한 국물과 함께 내는 것으로 바게트를 곁들여 국물에 빵을 찍어 먹는 맛이 일품이죠.

홍합 토르틸리오니

Ingreients 2인분

토르틸리오니 200g
물 2L
소금 2T
홍합 200g
마늘 1개
페페론치노 2개
올리브오일 2T
화이트와인 1/4C
물 1C
파슬리 3줄기
후추 약간

Recipe

1 **재료 준비하기** 홍합은 수염을 떼어내고 솔로 문질러 씻고, 마늘은 칼등으로 으깨어 놓는다.

2 **홍합 익히기** 팬에 올리브오일을 두르고 칼등으로 눌러 으깬 마늘을 넣어 약한 불에서 향을 낸다. 페페론치노를 넣고 손질한 홍합과 다진 파슬리 반을 넣어 센 불에서 볶는다. 홍합의 입이 벌어지기 시작하면 화이트와인을 넣어 잡냄새를 없애고, 물 1컵을 넣고 뚜껑을 덮어 홍합이 익도록 잠시 끓인다.

3 **토르틸리오니 삶기** 끓는 물에 소금 한 줌을 넣고 토르틸리오니를 넣어 6분 정도 끓여 반쯤 익혀 건진다.

4 **완성하기** 홍합의 입이 완전히 벌어지면 3의 토르틸리오니와 파스타 삶은 물 1/2컵을 넣고 끓여 홍합의 맛이 파스타에 배도록 한다.

5 **그릇에 담기** 따끈하게 데운 움푹한 그릇에 파스타와 홍합, 국물까지 넉넉하게 담고 파슬리를 뿌려 마무리한다.

이탈리아 중부 라찌오(Lazio) 지역의 기본 스파게티 조리법으로
단시간에 만들 수 있어 즉석요리로 좋습니다.
로마인들은 여기에 말린 산새버섯(Funghi porcini secchi)를 첨가하기도 합니다.

푸실리(Fusilli)는 꼬불꼬불한 스프링 모양의 짧은 파스타로 씹는 재미가 있습니다. 만약 푸실리가 없다면 그냥 스파게티를 사용하셔도 됩니다.

참치 파스타

Ingreients 2인분

푸실리 180g
물 2L
소금 2T
참치캔 150g
양파 50g
올리브오일 2T
화이트와인 2T
소금
후추
다진 파슬리 적당량

Recipe

1 **재료 준비하기** 양파는 다져 놓고, 참치는 체에 걸러 물기를 제거한다.

2 **참치소스 만들기** 팬에 올리브오일을 두르고 다진 양파를 넣어 3분 정도 볶는다. 1의 참치를 넣고 살짝 볶은 후 화이트와인을 넣은 후 중불에서 약 10분 정도 끓이면서 가끔 저어준다. (참치가 부서지지 않게 조심한다.)

3 **푸실리 삶기** 끓는 물에 소금 한 줌과 푸실리를 넣고 12분 정도로 삶고 건진다.

4 **완성하기** 건진 푸실리를 2에 넣어 센불에서 볶는다. 중간에 파스타 삶은 물을 조금 넣어주고 소금, 후추로 간한 후 다진 파슬리를 뿌려 마무리한다.

Fusilli al tonno

Lesson 3

Lesson 8

Spaghetti ai frutti di mare in bianco

이탈리아 친구가 만들어 줬던 잊지 못할 맛.
친구에게 비법을 물었더니 돌아온 답.
"신선한 해산물만 넉넉히 넣으면 누구나 만들 수 있어!!"
조금은 허무했지만 지금 생각하면 참으로 정직한 답인 것 같네요.

해산물은 오래 익히면 질겨집니다. 면이 삶아지는 동안 재료를 볶아 소스와 면이 동시에 완성되면 최고의 맛을 즐길 수 있답니다. 또한 페페론치노를 몇 개 넣으면 좀 더 깔끔한 맛을 느낄 수 있습니다.

해산물 스파게티

Ingreients 2인분

스파게티 160g
물 2L
소금 2T
마늘 2쪽
새우(중) 6마리
꼬막새우 4마리
바지락 100g
홍합 100g
올리브오일 2T
화이트와인 1/4C
소금 · 후추 적당량
다진 파슬리 2T

Recipe

1 **재료 준비하기** 바지락은 소금물에 담가 어두운 곳에 두고 해감을 빼고 새우는 머리와 꼬리쪽 한마디를 제외하고 껍질을 제거한다. 홍합은 수염을 떼고 깨끗이 씻어 두고, 꼬막새우는 잘 씻는다. 마늘은 저며 썰고, 파슬리는 다진다.

2 **재료 볶기** 팬에 올리브오일을 두르고 저민 마늘을 넣어 향을 내고 해산물을 넣어 2~3분 볶은 후 화이트와인을 넣어 잡냄새를 제거한다.

3 **스파게티 삶기** 끓는 물에 소금을 넣고 스파게티를 7분 정도 삶아 건진다.

4 **완성하기** 2에 스파게티를 넣고 볶으며 익힌다. 소스의 농도는 파스타 삶은 물로 맞추고, 소금과 후추로 간하고, 굵게 다진 파슬리를 뿌려 마무리 한다.

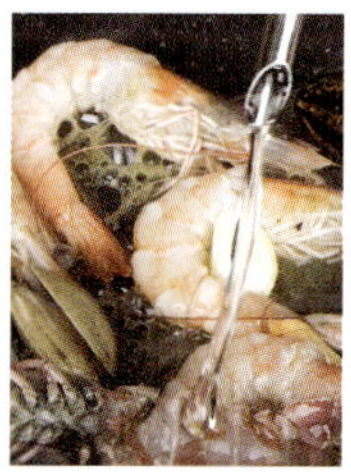

Lesson 4

올리브오일을 이용한 파스타

귀한 참기름을 직접 짜서 먹듯이 이탈리아에서도 올리브오일을 직접 짜서 먹기도 합니다. 올리브오일을 이용한 파스타는 올리브의 향이 어우러져 그윽하고 독특한 맛을 냅니다. 오일파스타가 좋아지면 파스타 마니아가 되어 가는 거겠죠?

Lesson 4

Spaghetti aglio, olio e peperoncino

파스타 마니아라면 누구나 좋아하는 파스타로 이탈리아 식재료의 기본인 알리오(마늘), 올리오(올리브 오일), 페페론치노(고추)만으로 맛을 냅니다. 특별한 재료 없이도 집에 늘 있는 재료로 만들 수 있어 이탈리아 유학시절 제일 쉽게 만들어 먹던 파스타랍니다.

페페론치노(이탈리아 고추)가 없다면 마른 홍고추 2개 정도를 잘라 사용하면 됩니다. 페페론치노를 쓸 경우 몇 개는 그대로 몇 개는 칼등으로 으깨어 넣으면 좀 더 매콤한 맛을 즐길 수 있습니다.

알리오 올리오 페페론치노

Ingreients 2인분

스파게티니 200g
물 2L
소금 2T
마늘 4쪽
페페론치노 6개
올리브오일 2T
파마산 치즈가루 2T
소금 · 후추 약간
다진 파슬리 약간

Recipe

1 **재료 준비하기** 마늘은 얇게 저며 썰고 페페론치노는 칼등으로 으깨어 놓는다.

2 **재료 볶기** 팬에 올리브오일을 두르고 얇게 썬 마늘을 넣어 약한 불에서 노릇하게 볶은 후 페페론치노를 넣고 1분 정도 더 볶는다.

3 **스파게티니 삶기** 넉넉한 물에 소금을 한 줌 넣고 스파게티니를 펼쳐 넣어 5분 정도 삶아 살짝 덜 익은 상태일 때 건져 체에 밭친다.

4 **완성하기** 2의 팬에 3의 스파게티니와 파스타 삶은 물 4~5큰술을 넣고 소금, 후추로 간을 하여 중간 불에서 1분 정도 잘 볶아 준다. 파마산 치즈가루와 다진 파슬리를 넣어 마무리한다.

Lesson 4

Spaghettini con acciughe

엔초비는 멸치류 생선의 머리와 내장을 제거한 후 염장한 것입니다
그대로 피자나 샐러드에 쓰기도 하고 소스로 만들어 쓰기도 하는데
처음에는 맛이 아주 독특해서 부담스럽지만 곧 매료된답니다.
외국인들이 우리의 젓갈을 처음 먹었을 때 이런 느낌이 아닐까요?

오일소스의 파스타는 스파게티보다 얇은 면인 스파게티니나 카펠리니를 사용하는 것이 한층 더 맛있어요. 각 파스타마다 포장지에 삶는 시간이 표시가 되어 있으므로 그 시간보다 1~2분 정도 덜 삶아 소스와 볶으면서 익히는 것이 맛의 포인트 입니다.

엔초비 파스타

Ingreients 2인분

스파게티니(카펠리니)180g
물 2L
소금 2T
양파(중) 1개
올리브오일 1T
버터 20g
엔초비 4마리
다진 파슬리
소금 · 후추 약간

Recipe

1 **양파 볶기** 양파는 얇게 채썰고 팬에 올리브오일과 버터를 넣고 채썬 양파를 넣어 약한 불에서 볶는다. 연한 갈색이 나면 다른 그릇에 덜어 놓는다.
2 **엔초비 볶기** 1의 팬에 엔초비를 넣고 으깨면서 볶아 형태가 없어지면 덜어 놓은 양파를 다시 넣는다.
3 **스파게티니 삶기** 끓는 물에 소금을 한 줌 넣고 스파게티니를 넣어 3분 정도 삶아 약간 덜 익은 상태로 건져낸다.
4 **완성하기** 삶은 스파게티니를 2의 팬에 넣어 볶는다. 파스타 삶은 물을 3~4큰술 넣어 볶고 소금과 후추로 간을 한 후 따뜻하게 데운 접시에 담아 다진 파슬리를 뿌려 낸다.

페스토소스는 바질과 잣을 올리브오일과 함께 갈아 만든 오일소스로
'페스토 제노베제(Pesto Genovese)' 라고 불립니다.
바질의 향긋함과 잣의 고소함을 함께 느낄 수 있는 고급스러운 맛이 일품이죠.

페스토소스를 만들 때 올리브오일과 바질을 조금씩 넣으면서 농도를 조절하세요. 한꺼번에 넣으면 실패할 수 있습니다. 그리고 블렌더나 푸드프로세서가 없다면 시판되는 페스토소스를 이용하셔도 됩니다.

페스토소스 스파게티

Ingreients 2인분

스파게티(또는 링귀니) 200g
물 2L
소금 2T
바질 40g
잣 50g
마늘 2쪽
엑스트라버진 올리브오일 3T
파마산 치즈 40g
소금 · 후추 약간

Recipe

1 **재료 준비하기** 바질은 조심스럽게 씻어 물기를 제거하고 잎을 떼어 큼직하게 자른다. 마늘은 칼등으로 눌러 으깨 놓는다.

2 **페스토소스 만들기** 블렌더나 푸드프로세서에 마늘과 잣을 넣어 잠깐 갈아준다. 여기에 바질과 올리브오일을 2/3씩 넣고 곱게 간다. 파마산 치즈와 나머지 바질과 올리브오일을 넣고 농도를 보아가며 곱게 갈아준다.

3 **스파게티 삶기** 물을 넉넉하게 넣고 끓이다가 소금을 한 줌 넣고 스파게티나 링귀니를 넣어 약 8분 정도 삶아 체에 건진다. 이때 파스타 삶은 물을 조금 받아 놓는다.

4 **완성하기** 팬에 2의 페스토소스를 넣고 3의 스파게티를 넣어 중간 불에서 소스와 파스타가 어울리게 살짝 볶는다. 파스타 삶은 물을 조금씩 넣어 농도를 조절한다.

Spaghetti al pesto genovese

Lesson 4

Lesson 4

Spaghetti alla carbonara

달걀과 베이컨을 넣은 까르보나라는 통후추를 뿌려 놓은 모습이
석탄가루 같다하여 이름 붙여졌다는 설과 맛이 비밀스러워 비밀결사
'까르보나라 당' 의 이름에서 따왔다는 설이 있습니다.
신선한 달걀과 베이컨, 치즈까지 어우러져 깊고 부드러운, 그윽한 고소함이 살아있답니다.

까르보나라

Ingreients 2인분

스파게티 160g
달걀 2개
베이컨 80g
마늘 2쪽
올리브오일 2T
화이트와인 1/4C
뻬코리노 치즈 2T
파마산 치즈 2T
다진 파슬리 약간
소금, 후추 약간

Recipe

1 **재료 준비하기** 베이컨은 1.5cm로 자르고 마늘은 다진다.

2 **까르보나라소스 만들기** 넓고 얕은 스테인리스나 유리볼에 달걀, 치즈, 소금을 넣고 거품기로 잘 섞어 따뜻하게 보관한다.(따뜻한 물에 볼 채 담아 가끔 저어준다.)

3 **베이컨 볶기** 넉넉한 팬에 올리브오일을 두르고 베이컨을 넣고 중간 불에서 바삭하게 4분 정도 굽는다. 마늘을 넣고 1분 정도 더 볶고 준비한 화이트와인을 넣고 반이 되도록 살짝 졸인다.

4 **스파게티 삶기** 물이 끓으면 소금과 스파게티를 넣고 8분 정도 삶는다. 삶은 면은 체에 밭쳐 물기를 뺀다.

5 **완성하기** 3에 삶은 스파게티를 넣고 불을 끄고 잘 섞는다. 따뜻하게 유지한 2에 다진 파슬리와 통후추를 갈아 넣고 섞은 스파게티를 넣어 큰 포크 두 개로 면에 달걀이 골고루 묻게 잘 섞어 따뜻하게 데운 접시에 담아낸다.

*달걀이 익는 것을 방지하기 위해 생크림을 넣던 것이 그 양이 늘어 현재 우리나라만의 '까르보나라'가 되었다고 합니다.

*날달걀을 따로 익히지 않아서 살모넬라나 다른 박테리아의 감염이 있을 수 있으므로 2의 과정을 꼭 거쳐야 합니다.

Lesson 5

오븐에 구워 내는 파스타

부드러운 베샤멜소스와 고소하게 녹아내린 모짜렐라 치즈의 환상적인 궁합.
어른이나 아이들, 누구나 좋아하는 오븐 파스타는 정성이 들어간 만큼 식탁에서 돋보이는 파스타입니다.

Salsa besciamella

베샤멜소스 만들기

Ingreients

밀가루 30g

버터 30g

우유 2C

소금 · 후추 · 넛맥가루 약간

Recipe

1 **버터 녹이기** 약한 불에 소스 팬을 올리고 버터를 녹인다.

2 **밀가루 넣기** 밀가루를 넣고 1분 정도 볶는다.

3 **소스 끓이기** 데운 우유를 넣고 계속 저어주면서 2분정도 더 끓인다..

4 **완성하기** 소금, 후추, 넛맥가루로 간을 한다.

*이 분량으로 베샤멜소스를 만들면 2C 정도의 양이 됩니다.
*약한 불에서 나무주걱으로 계속 저어주세요. 그래야 눌어붙지 않습니다. 우유는 전자레인지에 살짝 돌리면 편합니다.

Lesson 5

Lasagne al ragu'

이탈리아에서 식구들이 모두 모이는 특별한 날에 빠지지 않는 요리가 바로 라자냐입니다.
라자냐에는 버섯, 고기 등의 재료들이 넉넉히 들어가므로
메인 요리 없이 샐러드만 곁들여도 한끼 식사로 충분합니다.

*라자냐를 삶을 때는 한꺼번에 여러 장을 넣으면 서로 붙어버리므로 1~2장씩 삶아 서로 붙지 않게 해서 건져 놓습니다.
*모든 오븐 파스타는 요즘 인기 있는 미니오븐에서도 가능합니다.

라구소스 라자냐

Ingreients

라자냐 6장
라구소스 1.5컵(28페이지 참고)
양송이버섯 120g
모짜렐라 치즈 150g
파마산 치즈가루 20g
올리브오일 2T
소금 · 후추 약간
버터 약간
다진 파슬리 약간
베샤멜소스 2C
(밀가루 30g, 버터 30g , 우유 2컵 소금, 후추)

Recipe

1 **양송이버섯 볶기** 양송이는 5mm 두께로 썰어 팬에 올리브오일을 두르고 볶아 소금, 후추로 간을 한다.

2 **라자냐 삶기** 끓는 물에 라자냐를 넣어 5~6분 정도 삶아 건진다.

3 **그릇에 버터 칠하기** 라자냐 용기에 손으로 버터를 칠한다.

4 **완성하기** 버터를 칠한 그릇에 베샤멜소스-라자냐-라구소스-양송이버섯-치즈가루-베샤멜소스를 반복한 후 마지막에 모짜렐라 치즈를 얹고 다진 파슬리로 마무리하여 220℃로 예열한 오븐에서 15분 정도 윗면이 노릇하게 굽는다.

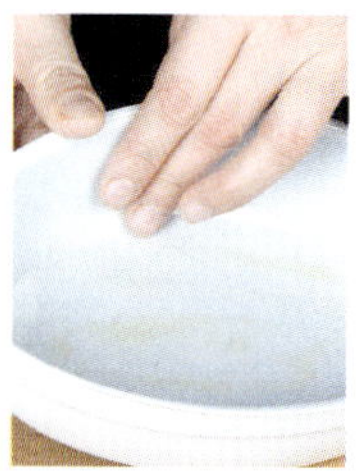

Lesson 5

Lasagne con melanzane e mozzarella

번거로운 조리법만큼이나 정성이 많이 들어가는 가지 라자냐는
손님을 초대했을 때 빛을 발합니다.
가지를 싫어하는 사람들도 가지와 친해지게 만드는
마법 같은 요리입니다.

가지 라자냐

Ingreients

라자냐 6장
가지 1개
소금 약간
올리브오일 2T
모짜렐라 치즈 150g
베샤멜소스 2C
　밀가루 30g,
　버터 30g
　우유 2컵
　소금, 후추, 넛맥가루 약간
토마토소스 3C

Recipe

1 **가지 준비하기** 가지는 5mm 정도 두께로 가지의 모양을 살려 길이로 저며 썰어 소금을 살짝 뿌린 후 20분 정도 절인다. 키친타월로 가지의 물기를 제거한 후 올리브오일 두른 팬에 가지를 굽는다.

2 **라자냐 삶기** 끓는 물에 소금과 올리브오일을 넣고 라자냐를 1장씩 넣어 10분 정도 삶는다.

3 **그릇에 버터 칠하기** 라자냐 그릇에 버터를 고르게 펴 바른다.

4 **완성하기** 3에 베샤멜소스를 깔고, 라자냐 – 토마토소스 – 구운 가지 – 베샤멜소스 순서로 반복해서 넣고 마지막에 모짜렐라 치즈를 뿌려 220℃로 예열한 오븐에서 치즈가 녹아 노릇하게 되도록 약 20분간 굽는다.

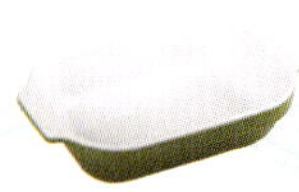

*미리 만들어 둔 토마토소스가 없을 때는 시판용 토마토소스를 이용해보세요.
*라자냐 용기에 버터대신 올리브오일을 손으로 찍어 발라도 됩니다.

생크림과 쇠고기, 거기에 모짜렐라 치즈까지!!
느끼하지는 않을까 걱정되나요? 부드럽고 고소한 그 맛에 한번 빠져보세요.
라구 크레마 오븐 파스타는 뜨거울 때 먹어야 제 맛입니다.

어정쩡하게 고기가 남았을 때 한 번 만들어 보세요. 쇠고기와 크림의 새로운 조화를 맛볼 수 있습니다. 꼭 펜네가 아니어도 남은 파르팔레나 푸실리 등 어떤 쇼트 파스타에도 이용 가능합니다.

라구 크레마 오븐 파스타

Ingreients

펜네 200g
다진 쇠고기 60g
양파(중) 1/8개
마늘 2쪽
올리브오일 1T
다진 파슬리
말린 바질
오레가노 약간
화이트와인 2T
생크림 1 · 1/2C
모짜렐라 치즈 150g
소금 · 후추 약간

Recipe

1 **재료 준비하기** 양파와 마늘은 다져서 준비한다.

2 **펜네 삶기** 끓는 물에 소금을 한 줌 넣고 펜네를 넣어 8~10분간 삶아 건진다.

3 **소스 만들기** 올리브오일을 두른 팬에 양파와 마늘을 노릇하게 볶는다. 다진 쇠고기를 넣고 볶다가 바질과 오레가노를 넣고 고기가 어느 정도 익으면 화이트와인을 넣어 센 불에서 잡냄새를 날린다. 여기에 생크림을 넣고 중불에서 뭉근하게 끓이고 소금, 후추로 간을 한다.

4 **완성하기** 3의 완성된 소스에 2의 삶은 펜네를 넣고 소스와 잘 어우러지게 섞는다. 오븐 용기에 버터나 올리브오일을 칠하고 소스와 버무린 펜네를 담고, 그 위에 모짜렐라 치즈와 파슬리를 뿌린 뒤 220℃로 예열한 오븐에서 넣어 10분 정도 노릇하게 구워낸다.

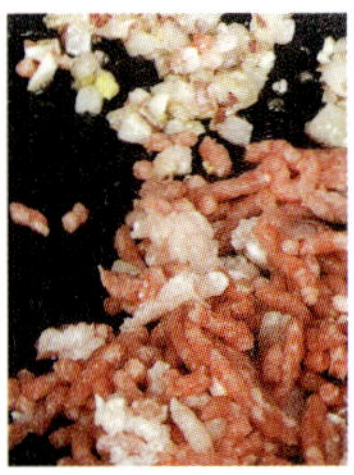

Lesson 5

Ragu Crema al forno

영양 만점 감자와 베이컨의 고소함이 더해진 겨울철 영양식을 추천할게요.
감자를 싫어하는 아이들의 포크가 바빠지는 요리.
서로 더 먹겠다고 아옹다옹하는 모습까지 사랑스럽게 만드는 요리입니다.

명절 후에 남아서 굴러다니는 전을 잘라서 함께 넣어 만들면 또 다른 그라탕을 즐길 수 있습니다. 또 하나, 치킨너겟도 활용해 보세요. 아이들이 좋아합니다.

감자 그라탕

Ingreients

감자 2개
양파 1/3개
베이컨 4장
마늘 1쪽
올리브오일 1T
피자치즈 · 다진 파슬리 약간
베샤멜소스 2/3C
버터 10g
밀가루 10g
우유 2/3C
소금, 후추, 넛맥가루 약간

Recipe

1 **베샤멜소스 만들기** 분량의 재료로 베샤멜소스(70페이지 참고)를 만든다.
2 **재료 준비하기** 감자는 껍질을 벗겨 얇게 반달썰기하고 양파는 채 썬다. 베이컨은 1.5cm 크기로 자르고 마늘은 다진다.
3 **재료 볶기** 올리브오일을 두른 팬에 마늘, 양파와 베이컨을 넣어 살짝 볶고 감자를 넣어 반쯤 익힌 뒤 소금, 후추로 간한다. 다진 파슬리를 뿌려 마무리한다.
4 **완성하기** 3과 1의 소스를 고루 섞어 기름이나 버터를 칠한 오븐 용기에 담고 200℃로 예열한 오븐에 넣어 15분 정도 노릇하게 굽는다.

Patate al forno

Lesson 5

Lesson 6

스페셜 파스타

뇨끼와 이탈리아식 만두

특별한 날을 더욱 특별하게 만들어 주는 수제 파스타. 손으로 일일이 반죽해서 만드는 과정이 조금은 번거롭지만 가족을 생각하는 엄마의 마음처럼 사랑이 가득한 파스타입니다.

뇨끼 만들기

Ingreients

감자 400g

달걀 노른자 1개

넛맥가루 조금

중력분 200g

파마산 치즈가루 20g

소금 · 흰 후추 약간

Recipe

1 **감자 삶기** 감자는 껍질 채 삶아 뜨거울 때 껍질을 벗긴다.

2 **감자 으깨기** 감자가 뜨거울 때 곱게 으깬다.

3 **반죽하기** 2가 한 김 식으면 그 위에 밀가루를 체 치고 달걀 노른자, 넛맥, 치즈가루를 넣어 10분 정도 치대어 반죽한다.

4 **모양 만들기** 충분히 치대어진 반죽을 가래떡 모양으로 길게 만든다.

5 **자르기** 3~4cm 크기로 자른다.

6 **무늬 만들기** 포크로 눌러 무늬를 만든다.

7 **완성하기** 끓는 물에 소금을 넣고 6을 넣는다. 뇨끼가 떠오르면 건져낸다.

생파스타 반죽하기

Ingreients

박력분 400g

달걀 4개

올리브오일 1 · 1/2T

소금 약간

Recipe

1 **재료준비** 밀가루와 소금을 섞어 체에 내린다. 가운데 분화구를 만들어 달걀과 올리브오일을 넣는다.

2 **달걀 섞기** 포크나 손으로 노른자를 깨고 주위의 밀가루부터 섞어가며 주변으로 확장하며 혼합한다.

3 **반죽 치대기** 반죽이 하나로 뭉쳐질 때까지 힘껏 양손으로 치대면서 반죽한다.

4 **반죽 치대기** 반죽이 말랑말랑 해질 때까지 15분 정도 계속 치댄다.

5 **반죽 완성하기** 반죽이 매끄럽게 완성되면 랩으로 덮어 30분 정도 실온에 둔다.

6 **반죽 밀기** 반죽을 4등분으로 나누어 밀가루를 뿌려가면서 2mm 두께로 밀어 용도에 맞게 사용한다.

Lesson 6

Gnocchi di patate

뇨끼는 감자를 삶아 으깨어 밀가루와 함께 섞어 만드는 파스타의 한 종류 입니다.
이탈리아인들은 요일별로 음식을 정하여 즐기는데
주로 목요일에 즐기는 파스타입니다.

감자는 완전히 식은 후에는 곱게 으깨어지지 않습니다. 뜨거울 때 으깨 놓고, 한 김 식혀서 열심히 치대어 10분 이상 반죽해야 합니다. 가족과 함께 하면 좋아요.

토마토소스 뇨끼

Ingreients

감자 400g
달걀 노른자 1개
넛맥가루 조금
중력분 200g
파마산 치즈가루 20g
소금 · 흰 후추 약간
토마토소스 약간

Recipe

1 **뇨끼 반죽하기** 감자는 껍질째 삶아 물을 따라낸다. 냄비를 흔들어 감자의 수분을 날린 후 뜨거울 때 으깬다. 감자가 한 김 식으면 밀가루, 노른자, 넛맥, 치즈가루를 넣어 10분 정도 치대어 반죽한다.

2 **뇨끼 모양내기** 가래떡 형태로 길게 만들어 손가락 두 마디 정도의 크기로 잘라 포크로 눌러 모양을 낸다.

3 **뇨끼 삶기** 끓는 물에 소금을 넣고 뇨끼를 넣어 물에 떠오를 때까지 삶아 건져 낸다.

4 **완성하기** 미리 만들어 둔 토마토소스를 데워, 삶아 건진 뇨끼를 넣어 버무린 후 파마산 치즈가루를 뿌려 마무리한다.

Lesson 6

Gnocchi di zucca al sante

단호박을 사용한 이 뇨끼는 너무나 사랑스러운 노랑 병아리 같습니다.
아이들과 함께 노란색 뇨끼를 만들어 보세요.
그 재미에 푹 빠질 거예요~

단호박 뇨끼

Ingreients

감자 200g
단호박 50g
달걀 1/4, 중력분 70g
소금, 후추

산테소스

토마토소스 1C, 베이컨 2장
양파(중) 1/4개, 마늘 1쪽
페페론치노 2개, 화이트와인 2T
올리브오일 1T, 생크림 1/4C
파슬리 약간, 파마산 치즈가루
소금, 후추

Recipe

1 **반죽하기** 감자는 껍질째 삶아 뜨거울 때 껍질을 벗겨 으깬다. 단호박은 껍질을 벗기고 전자레인지에 돌려 찌거나 찜통에 쪄 감자와 함께 으깬다. 감자와 단호박 으깬 것을 섞고 달걀과 중력분, 소금, 후추를 넣고 10분 동안 치대어 반죽한다.

2 **뇨끼 모양내기** 가래떡 모양으로 만든 후 손가락 두 마디의 크기루 잘라 포크로 모양을 낸다.

3 **뇨끼 삶기** 끓는 물에 소금을 넣고 뇨끼를 삶는다. 떠오르면 건져낸다.

4 **완성하기** 미리 만들어놓은 산테소스에 뇨끼를 섞어서 낸다.

Recipe

산테소스 만들기

1 베이컨은 1.5cm 크기로 잘라 팬에 굽고, 팬의 기름을 닦아 낸 후 올리브오일을 두르고 다진 양파와 마늘, 페페론치노를 넣고 볶은 후 화이트와인을 넣어 잡냄새를 날린다.

2 1에 토마토소스를 1C를 넣어 끓이고 분량의 생크림을 넣어 부드럽게 한 후에 파마산 치즈, 소금, 후추로 간한다.

산테소스 만들기 2의 과정에서 토마토소스 대신 생크림만 넣고 만들면 부드러운 크림소스 단호박 뇨끼가 됩니다.

토마토소스 라비올리

Ingreients

생파스타 반죽(83페이지 참고)

라비올리 소

- 다진 쇠고기 120g
- 다진 돼지고기 50g
- 다진 양파 3T
- 다진 마늘 1T
- 올리브오일 1 · 1/2T
- 넛맥 · 소금 · 후추 약간
- 레드와인 2T
- 파마산 치즈가루 약간
- 토마토소스 2C

Recipe

1 **라비올리 소 만들기** 팬에 올리브오일을 두르고 다진 양파와 마늘을 넣어 볶다가 다진 쇠고기와 돼지고기를 넣고 볶는다. 와인을 넣어 약한 불에서 뚜껑 덮어 익힌 후 넛맥, 소금, 후추로 간을 하고 파마산 치즈가루를 넣어 소를 완성한다.

2 **반죽하기** 체 친 밀가루의 가운데에 달걀, 올리브오일, 소금을 넣고 섞어 잘 치대어 반죽하여 랩으로 싸 30분 정도 반죽을 숙성시킨다.

3 **라비올리 만들기** 반죽을 2mm 두께로 얇게 밀어 4cm 크기의 정사각형으로 라비올리 커터의 톱니 모양을 살려 자른다.(없다면 보통 칼로 자르세요.) 한 칸씩 건너뛰며 소를 티스푼으로 조금씩 올린다. 빈 파스타 칸에 물이나 달걀 흰자를 묻혀 소를 올린 것 위에 덮고 빈 공간 없이 손으로 꼭꼭 눌러준다.

4 **라비올리 삶기** 끓는 물에 소금을 넣고 올리브오일을 몇 방울 넣고 3의 라비올리를 넣어 물 위에 떠오를 때까지 익힌다.

5 **완성하기** 4의 라비올리를 조심스레 접시에 담고 뜨거운 토마토소스를 덮거나 소스와 함께 섞어 낸다. 파마산 치즈를 곁들여도 좋다.

*토마토소스나 라구소스 중 미리 준비된 것을 사용하면 더욱 간편합니다.
*라비올리 안에 치즈나 야채를 넣을 수도 있습니다.

Raviolo in salsa di pomodoro

Lesson 6

라비올리는 생파스타 반죽에 여러 가지 속을 채운 이탈리아식 만두로
네모, 반달, 원형 등 다양한 모양으로 만들 수 있습니다.
계절에 따라 고기나 해산물, 야채, 치즈 등을 넣어 다양하게 즐겨보세요.

Lesson 6

Tortellini in bordo

추운 겨울, 우리 어머님들이 명절을 위해 만두를 빚듯 이탈리아 어머니들은 크리스마스와 연말을 위해 토르텔리니를 만듭니다.
이탈리아요리를 가르쳐 주시던 할머니 댁에서 몇날 며칠 토르텔리니를 만들며 웃음꽃을 피웠던 생각이 나네요.

닭 육수 토르텔리니

Ingreients

생파스타 반죽 300g
- 밀가루(박력분) 200g
- 달걀 2개
- 올리브오일 1T
- 소금 약간

닭 가슴살 200g
베이컨 3장
소금 · 후추 · 파슬리가루 약간
파마산 치즈 2T
닭 육수 2C
버터 1.5C

닭 육수
- 물 3C
- 닭 뼈 1/2마리분 또는 닭 가슴살 200g
- 양파 1/4개, 샐러리 30g
- 월계수잎 1장, 통후추 5알

*직접 만들기가 번거로우시다면 우리나라에도 이미 만들어진 토르텔리니나 라비올리가 대형마트에서 시판되고 있습니다. 소스만 준비해서 시판되는 것들로 도전해보아도 좋을 것 같아요.

Recipe

1 **닭 육수 만들기** 냄비에 닭 육수 재료를 모두 넣고 센 불에서 끓인다. 끓기 시작하면 불을 줄여 뭉근히 30분간 더 끓이고 체에 걸러 맑은 육수를 준비한다.

2 **재료 준비하기** 닭 가슴살을 작은 주사위 모양으로 자른 후 잘게 다지고, 베이컨은 5mm 크기로 자른다. 양파도 다져서 준비한다.

3 **토르텔리니 소 만들기** 베이컨은 프라이팬에 바삭하게 구운 후 키친타월로 기름을 제거하고 칼로 다진다. 볼에 다진 베이컨, 닭 가슴살, 양파를 함께 넣고 소금, 후추, 파슬리, 파마산 치즈 1T를 넣어 치대면서 부드럽게 반죽한다.

4 **토르텔리니 만들기** 생파스타 반죽을 1~2mm 두께로 얇게 밀어 5~6cm 원형틀로 찍거나 정사각형으로 자른다. 각각의 중심부에 3의 소를 조금씩 올린다. 가장자리에 물이나 달걀 흰자를 묻혀 원형은 반달로 정사각형은 삼각형 모양으로 끝부분을 닿게 덮어 꾹꾹 누른 후 양쪽 끝을 서로 맞닿게 둥글려 우리나라 만두 모양의 토르텔리니를 만든다. 끓는 물에 소금을 넣고 토르텔리니를 넣어 삶아 떠오르면 건진다.

5 **완성하기** 팬에 준비한 육수를 넣고 끓이다 버터를 넣어 녹인다. 삶은 토르텔리니를 넣어 1~2분간 더 끓여준 후 그릇에 담고 파마산 치즈가루를 뿌려서 낸다.

QUERCETO

Pasta Wine

토마토소스에 어울리는 와인 Wine

토마토의 산도와 조화를 이룰 수 있는 가볍고 산뜻한 와인이 적합합니다. 화이트와 레드를 폭 넓게 매치시킬 수 있으나, 레드와인을 사용했을 때 더 좋은 결과를 가져오는 경우가 많습니다. 와인을 고를 때 오크 숙성이 많이 되었거나 너무 무거운 레드와인은 피하는 것이 좋습니다.

Berardenga Chianti Classico
베라덴가 끼안띠 클라시코

경계선이 맑은 루비 빛깔을 띤다. 전형적인 블랙베리향이 지배적이며 섬세하고 세련된 과일향이 풍성하고 각양각색의 향료의 매력을 느낄 수 있다. 신선한 과일향과 함께 탄닌이 단정하리 만큼 깔끔한 끝맛을 준다.

- 생산지 이탈리아
- 포도품종 산지오베제(Sangiovese) 100%
- 가격 48,000원

Donnafugata Sedara 2004
돈나푸가타 세다라 2004

첫 향부터 코를 휘감아 도는 강한 과실향이 나는 것이 특징이며 담배, 양념류, 미네랄의 향도 함께 느껴진다. 입에 머금으면 붉은 과실, 특히 블랙베리와 체리의 매력적인 맛으로 충만하며 강한 여운을 느낄 수 있는 와인이다.

- 생산지 시칠리아(Sicilia), 이탈리아
- 포도품종 네로 다볼라(Nero d'Avola) 100%
- 가격 25,000원

Sangre de Toro 2005
상그레 데 또로 2005

가벼운 체리 빛깔을 띠고 있으며 오크에서의 숙성으로 깊고 훌륭한 향취를 가지고 있다. 입에 머금으면 붉은 과실, 특히 블랙베리의 가벼운 여운을 느낄 수 있다.

- 생산지 페네데스(Penedes), 스페인
- 포도품종 가르나차(Garnacha), 카리네나(Carinena)
- 가격 15,000원

Conde de Valdemar Crianza 2001
꼰데 데 발데마 크리안자 2001

18개월 동안 오크 배럴에서 숙성하였으며, 병입한 후 출하하기 전까지 완벽한 습도와 온도가 유지되는 저장고에서 와인을 진정시켜 숙성이 일어나도록 하였다. 진한 체리 빛깔을 띠고 있으며 오크에서의 숙성으로 인해 깊고 훌륭한 향취를 가지고 있고, 입안에서는 과일과 오크가 주는 맛, 모나지 않고 잘 짜여있는 탄닌의 느낌에서 무게감과 완벽한 조화를 경험할 수 있다

- 생산지 리오하 (Rioja), 스페인
- 포도품종 뗌프라니요(Tempranillo) 87%
  마주엘로(Mazuelo) 13%
- 가격 27,000원

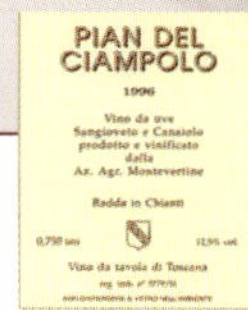

Montevertine pian del Ciampolo 2005
몬테베르티네 피안 델 치암폴로 2005

몬테베르티네의 주인이자 그 유명한 레 페르골레 토르테(Le Pergole Torte)를 생산하는 세르지오 마네티(Sergio manetti)에 의해 만들어진 와인. 끼안티 전통적인 방식의 블렌드(산지오베제 85%, 카나이올로 15%)로 와인을 주조하였는데 다른 어떤 끼안티 클라시코 리제르바(Chianti Classico Riserva)보다도 뛰어난, 비단과 같이 부드럽고 초콜릿의 맛과 베리 종류의 풍미가 절묘하게 조화된 맛으로 유명하다.

- 생산지 끼안디(Chianti),
  토스카나(Toscana)/ 이탈리아
- 포도품종 산지오베제(Sangiovese) 90%
  까나이올로(Canaiolo) 10%
- 가격 60,000원

Cesari Valpolicella Classico Superiore 2004
체사리 발폴리첼라 클라시코 수페리오레 2004

발폴리첼라는 Val(계곡 Valley) + Poli(여럿 Many) + Cella(와인저장고 Cellar)가 합쳐진 말로서 많은 와인이 만들어지고 익어 가는 '와인의 계곡'을 뜻한다. 지리적으로는 베로나(Verona) 북쪽으로 넓게 펼쳐진 곳으로 지역명과 동일한 발폴리첼라, 발폴리첼라 수페리오레, 아마로네(Amarone), 레치오토(Recioto)의 4개의 DOC급 와인이 생산되고 있다. 아름다운 체리 빛과 풍미, 향기로운 붉은 열매 과일과 신선한 향이 돋보이는 드라이 와인으로 부드러운 탄닌과 미디엄 바디를 지닌 마시기 쉬운 와인이다.

- 생산지 발폴리첼라(Valpoliceella),
  베네토(Veneto), 이탈리아
- 포도품종 코르비나(Covina) 75%,
  론디넬라(Rondinella) 25%
- 가격 17,000원

Maga Reserva
무가 르제르바

스페인 리오하를 대표하는 포도품종 '뗌쁘라니요(Tempranillo)'는 토양의 특성에 따라 와인의 결정적인 맛에 영향을 많이 받는 품종 중 하나이기 때문에 이러한 토양의 미세기후는 매우 중요한 것이다. 진한 석류빛 루비색의 레드와인으로 은은하게 배어나는 오크향과 과일향이 어울려져 복합적인 향과 맛을 자아낸다.

- 생산지 리오하(Rioja), 스페인
- 포도품종 뗌쁘라니요(Tempranillo)70%,
  가르나차(Garnacha)20%,
  마쑤엘로(Mazuelo) & 그라시아노
  (Graciano)10%
- 가격 48,000원

크림소스에 어울리는 와인 *Wine*

토마토파스타에 비해 느끼할 수 있는 크림파스타에는 그에 상응하는 바디감과 무게를 지닌 화이트와인을 추천합니다. 크림소스의 느끼한 느낌을 산도와 과실미가 충분한 화이트와인이 깔끔하게 균형을 이루어 줍니다. 또는 오크 숙성을 절제하며 쌉싸름한 체리의 느낌을 지닌 돌체토 달바와 같은 레드와인도 무난합니다.

Donnafugata La Fuga 2005
돈나푸가타 라 푸가 2005

라 푸가에 사용된 샤도네이 품종은 콘테사 안텔리나(Contessa Entellina) 언덕에서 수 년 동안 성장한 것이다. 푸른 사과와 빵껍질처럼 강렬하면서도 풍부한 향을 가지고 있으며 드라이하면서도 부드러워서 신선한 조화를 이루며 우아한 느낌을 준다. 마시기엔 12℃ 정도가 매우 좋고, 모든 음식에 매우 잘 어울리는데 특히 해산물, 생선, 밝은 색의 음식에 매우 좋다.

- **생산지** 시칠리아(Sicilia), 이탈리아
- **포도품종** 샤도네이 (Chardonnay) 100%
- **가격** 36,000원

Bruno Giacosa Dolcetto d'Alba 2005
브루노 쟈코사 돌체토 달바 2005

돌체토는 이탈리아어로 단맛을 뜻하는 '돌체(Dolce)'와는 관계없는 포도 품종의 이름으로 이탈리아 북서부의 와인 명산지 피에몬테 지방에서 가장 널리 재배되고 있다. 피에몬테 지역의 대중적인 와인으로 보라톤이 드리워진 깨끗한 루비 빛깔을 띤다. 단맛이 없고 기분 좋을 정도의 상큼한 맛을 느낄 수 있다.

- **생산지** 에몬테 (Piemonte), 이탈리아
- **포도품종** 돌체토 (Dolcetto) 100%
- **가격** 32,000원

De Tarczal Marzemino di Isera Husar 2005
데 탁잘 마르제미노 디 이세라 후싸 2005

마르제미노(Marzemino)는 이탈리아에서 가장 아로마가 좋고 양념류적 특성이 풍부한 포도로 트렌티노(Trentino) 지역의 이세라 지구를 중심으로만 제한된 범위에서 생산되는 와인이다. 이 품종은 한때 전유럽을 휩쓸며 인기를 끌었고, 특히 모짜르트가 항시 마셨던 것으로 유명하다.

따르자마자 제비꽃 향이 느껴지고 풍부한 양념류의 풍미가 기억에 남는다. 약간 강한 양념으로 조리된 육류, 파스타, 라자냐, 햄과 잘 어울린다.

- **생산지** 트렌티노(Trentino) 북부 이탈리아
- **포도품종** 마르제미노(Marzemino) 100%
- **가격** 56,000원

Wolf Blass Yellow Label Chardonnaym 2006
울프 브라스 옐로우 라벨 샤도네이 2006

생동감 넘치는 밝은 노란빛을 가진 옐로우 라벨 샤도네이는 복숭아, 멜론의 상큼 발랄한 열대과일의 맛이 도드라지면서 신선한 오크 향과 조화를 이루고 있는 와인이다.

미디엄에서 풀 바디의 와인은 샤도네이 자체의 향미와 더불어 부드러운 크림의 질감이 인상적이다. 피니쉬가 길고 단맛이 없는 드라이한 와인이며, 보다 풍성하고 복잡 미묘한 맛과 향을 원하시면, 2~3년의 병 숙성이 필요하다.

- **생산지** 남호주(South Australia)
- **포도품종** 샤도네이 (Chardonnay) 100%
- **가격** 36,000원

오일소스에 어울리는 와인 *Wine*

오일은 와인의 풍미를 무디게 하는 역할을 하므로, 고급 와인을 매치시키기 보다는 중가의 와인으로 무난한 매치를 시키는 것을 권장합니다.

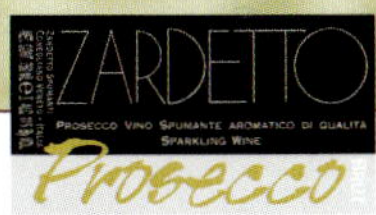

Zardetto Prosecco Brut
자르데또 프로세코 브룻

그리스탈과 같은 맑은 빛이 감돌며, 기분 좋은 하얀 거품과 매끄러운 감촉이 매력적인 스파클링 와인. 산뜻하고 유쾌한 향기와 부드럽고 조화로운 맛은 식사 전에도 완벽한 즐거움을 선사한다. 프로세코는 이탈리아식 피자는 물론 조개 요리 또는 생선튀김, 그리고 매콤한 동양요리, 흰색 살코기와 신선한 치즈와도 훌륭한 조화를 이룬다.

- 생산지 꼬넬리아노(Conegliano) 베네토(Veneto), 이탈리아
- 포도품종 프로세코(Prosecco) 95%, 샤도네이(Chardonnay) 5%
- 가격 27,000원

Cesari Soave Classico 2005
체사리 소아베 클라시코 2005

소아베는 이탈리아에서 가장 인기 있는 드라이 화이트와인이며 생산량도 많다. 예로부터 소아베란 이름으로 와인을 만들어온 '소아베 클라시코' 지역에서 자란 양질의 포도로 만든다. 녹색음영이 약간 감도는 연한 담황색을 띄는 가벼운 와인으로, 잘 익은 과일 향, 성숙한 꽃 향이 가득한 매우 경쾌한 와인이다. 첫 맛은 약간 톡 쏘는 듯하며 끝 맛은 약간 쌉쌀하여 누구든 기분 좋게 즐길 수 있다.

- 생산지 소아베(Soave), 베네토(Veneto), 이탈리아
- 포도품종 가르가네가(Garganega)50%, 트레비아노(Trebbiano) 40%, 샤도네이 10%
- 가격 17,000원

Conti di Buscareto Verdicchio dei Castelli di Jesi 2005
콘띠 디 부스까레토 베르디끼오 데이 카스텔리 디 제시 2005

중부 이탈리아 마르께를 원산지로 하는 지역 토착종으로 복합적 아로마와 풍부한 미네랄 느낌 등 숙성 능력에서 이탈리아 최고의 백포도종이라 할 수 있습니다. 5~7년 정도 숙성시 열대과일의 느낌과 풍미의 복합성이 발달합니다. 후미에서 느껴지는 약간 짠맛은 베르디끼오 품종의 고유 특징이며 이 품종을 Great Food Wine으로 만드는 중요 요소입니다. 어울리는 음식은 버터에 살짝 튀긴 생선과 흰 육류, 야채와 버섯이 들어간 리조또이다.

- 생산지 마르께(Marche), 중부 이탈리아
- 포도품종 베르디끼오(Verdicchio)
- 가격 28,000원

Hugel Riesling
휘겔 리슬링 2004

샤도네이와 더불어 화이트와인의 쌍벽을 이루는 고급 품종, 리슬링으로 만들어졌으며, 매우 드라이하며 결점 없는 풍모를 지니고 있다. 화사한 봄꽃의 향, 시트러스한 과일의 신선함, 충분한 산미와 풍부한 미네랄을 지녀 미각을 일깨우는 식전주로 훌륭하며, 더운 날씨에 갈증을 해소하기에도 적합하다. 생선류나 해산물, 매리네이드에 절인 생선에 어울린다.

- 생산지 알자스(Alsace), 프랑스
- 포도품종 리슬링(Riesling) 100%
- 가격 33,000원

와인소스에 어울리는 와인

재료, 특히 해산물의 풍미를 자연스럽게 드러나게 하는 요리의 특성상 풍미가 강하거나 특징적인 느낌이 매우 강한 와인은 피하는 것이 좋습니다.

Bruno Giacosa Roero Arneis
브루노 쟈코사 로에로 아르네이스

이탈리아 북부의 토착 품종인 아르네이스 특유의 신선함과 풋풋함을 가지고 있는 와인으로서 사과와 열대과일의 느낌를 가지고 있다. 부르고뉴의 화이트와인에 견줄 수 있을 만큼 매우 섬세한 구조를 가지며 특히 배 맛을 강하게 느낄 수 있다. 상큼한 피니쉬와 적당한 산도가 아주 돋보이는 와인이다.

- 생산지 피에몬테 (Piemonte), 이탈리아
- 포도품종 아르네이스 (Arneis)
- 가격 40,000원

Castello di Querceto Vernaccia di San Gimignano 2003
가스텔로 디 퀘르체토 베르나챠 디 산 지미냐노 2003

베르나챠 디 산 지미냐노는 토스카나지방의 화이트 품종으로 피렌체 남서쪽, 중세의 분위기를 물씬 풍기는 산 지미냐노 주변의 주요 품종이다. 전통적으로 황금빛 깔과 풍부하고 묵직한 풍미를 나타내며 약간 씁쓸한 뒷맛을 나타내나 최근에는 좀 더 연하고 상큼하며 가벼운 스타일로 양조되고 있다.

물씬 피어나는 꽃향기에 아몬드의 고소한 풍미로 세련미를 더하며 깔끔한 뒷맛이 인상적인 와인이다. 식전주(Aperitif)는 물론 생선이나 갑각류 요리와 궁합이 잘 맞다.

- 생산지 지미냐노(San Gimignano), 시에나(Siena), 이탈리아
- 포도품종 베르나차 디 산 지미냐노 (Vernaccia di San Gimignano) 100%
- 가격 24,000원

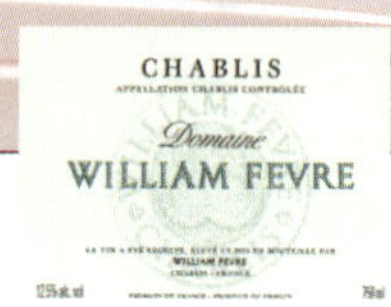

William Fevre Chablis 2005
윌리엄 페브르 샤블리 2005

윌리엄 페브르의 샤블리는 전통적으로 바디감과 충실한 미네랄 느낌을 가지고 있습니다. 동시에 자연적인 산미가 높아 깔끔하며 매우 생기가 느껴지는 샤블리의 전매특허격 스타일 역시 공존하고 있습니다. 최근에는 보다 생기 발랄하며 Fresh함이 강조되는 스타일로 변모해 가고 있습니다. 이 와인에서도 그러한 면모를 볼 수 있으며 미네랄과 허브, 청사과, 오렌지 껍질의 느낌이 드리워지며 약간 Milky한 인상도 찾아집니다, 굴, 조개, 생선류, 기타 해산물, 그릴에 굽거나 크림소리를 곁들인 흰 육류에 어울립니다.

- 생산지 샤블리(Chablis), 부르고뉴 (Bourgogne), 프랑스
- 포도품종 샤도네이 (Chardonnay) 100%
- 가격 41,000원

오븐 파스타에 어울리는 와인 *Wine*

치즈와 함께 오븐에 구워 내는 오븐파스타 역시 무겁고 진한 음식이므로 그에 상응하는 바디감을 지닌 레드와인이 좋습니다.

Il Borro Pian di Nova 2003
일 보로 피안 디 노바 2003

일 보로(Il Borro)는 이탈리아의 패션 왕국 살바토레 페라가모(Salvatore Ferragamo)가 토스카나에 소유하고 있는 와이너리로 패션에서 확인된 페라가모의 고집과 전통, 품격이 스며들어 단기간에 중요 와인으로 자리 잡았다. 전체적으로 농익은 검은 과실과 향신료의 느낌이 강하게 느껴지고, 후미에서는 붉은 과실의 촉촉한 느낌이 길게 지속된다.

- 생산지 토스카나(Toscana), 이탈리아
- 포도품종 시라(Syrah) 75%,
  산지오베제(Sangiovese) 25%
- 가격 52,000원

Campo di Sasso Insoglio del Cinghiale 2005
깜포 디 사쏘 인솔리오 델 칭갈레 2005

인솔리오 델 칭갈레 2005는 입안에서는 감칠맛나는 과일적 풍미와 매끄러운 감의 탄닌이 맴돌다가 에스프레소와 같은 여운으로 마무리된다. 수령이 4~5년 정도로 어린 포도나무에서 얻어진 포도로 양조되었음에도 조화로운 부드러움과 구조감을 갖추고 있다. 붉은 육류 요리, 특히 떡갈비, 갈비, 소고기 라자냐와 어울립니다.

- 생산지 토스카나(Toscana), 중부 이탈리아
- 포도품종 시라(Syrah) 30%, 메를로(Merlot) 25%, 카베네 프랑크(Cabernet Franc) 25%, 카베네 소비뇽(Cabernet Sauvignon) 15%, 쁘띠 베르도(Petit Verdot) 5%
- 가격 57,000원

Lesson 7

안티파스토

파스타를 돋보이게 하는 전채요리

해물이나 햄, 채소 등을 여러 가지 조리법으로 요리해 담아내는 전채요리인 안티파스토. 계절에 따라 풍성한 제철 재료를 이용해 본래의 맛을 살려 조리하는 것이 안티파스토를 더욱 돋보이게 하는 포인트입니다.

Lesson 7

Zuppa di Cozze

찬바람이 불어 따뜻한 국물이 그리울 때,
마음이 외로워 와인 한잔 생각날 때,
파스타와 함께 홍합와인찜 하나면 근사한 상차림이 됩니다.

다진 파슬리를 몇 번에 나누어 넣으면 어패류의 비릿한 냄새도 잡고 향도 더욱 잘 느낄 수 있습니다.

홍합와인찜

Ingreients

홍합 400g
다진 양파 2T
다진 마늘 1T
다진 파슬리 2T
페페론치노 2개
올리브오일 약간
화이트와인 1/4컵
물 1컵
버터 1t

Recipe

1 **재료 준비하기** 홍합은 껍질을 문질러 깨끗이 씻어 수염을 떼어내고, 페페론치노는 칼등으로 눌러 으깬다.

2 **만들기** 냄비에 올리브오일을 아주 약간만 두르고 다진 양파, 마늘, 페페론치노와 다진 파슬리의 1/3을 넣어 살짝 볶는다. 화이트와인과 물을 넣고 남은 파슬리 반을 넣고 3분 정도 끓인 후, 손질한 홍합을 넣고 약 10분 정도, 입이 벌어지고 살이 익을 때까지 끓인다.

3 **완성하기** 홍합이 익으면 오목한 그릇에 홍합을 건져낸다. 국물은 체에 한번 걸러 다시 끓이다가 불에서 내려 버터를 넣고 녹여 홍합 위에 끼얹고 나머지 파슬리를 뿌려낸다.

Lesson 7

Prosciutto e Melone

돼지 뒷다리를 염장한 생 햄인 프로슈또와 메론의 만남.
처음에는 상상할 수 없었던 그 맛이 이제는 그리운 요리가 되었습니다.
무더운 여름, 이탈리아의 더위 속에서 입맛을 찾아준 요리입니다.

이탈리아에서는 속이 주황색인 캔터롭(Cantaloup)메론을 사용하나 우리나라에서는 구하기 어려우니 머스크메론으로 대신해도 좋습니다.

프로슈또 & 메로네

Ingreients

머스크메론 6조각
프로슈또 10pc
엑스트라버진 올리브오일
통후추

Recipe

1 **메론 손질하기** 머스크메론의 꼭지를 중심으로 길이로 반을 자르고 씨부분의 속을 파내고 다시 각각 세로로 6등분한다. 길게 자른 메론의 껍질과 과육부분에 칼집을 넣어 분리한다.

2 **담기** 접시에 메론을 껍질째 그대로 올려 담고, 그 위에 얇게 저민 프로슈토를 적당히 올린다.

3 **완성하기** 프로슈토 위에 통후추와 엑스트라버진 올리브오일을 뿌린다.

빨간 토마토, 하얀 모짜렐라 치즈, 그리고 짙푸른 바질잎…….
무엇이 생각나시나요? 바로 이탈리아 국기와 같은 색의 조합이죠.
그래서 이탈리아인들이 더욱 사랑하는 안티파스토입니다.

카프레제를 준비하고 옆에 샐러드를 곁들인다면 훌륭한 카프레제 샐러드가 됩니다. 좀 더 푸짐한 것을 원할 때는 샐러드로 활용해 보세요.

카프레제

Ingreients

토마토 1개
모짜렐라 치즈 1개
후레쉬 바질 약간
엑스트라버진 올리브오일 1.5T
소금 · 후추 약간

Recipe

1 **재료 준비하기** 토마토는 모짜렐라 치즈와 비슷한 5cm 정도의 크기로 준비해 5~7mm 두께로 썬다. 모짜렐라 치즈도 토마토와 같은 두께로 썬다.
2 **드레싱 만들기** 작은 소스 볼에 올리브오일과 소금, 후추, 후레쉬 바질 다진 것을 넣어 드레싱을 만든다.
3 **완성하기** 접시에 토마토, 모짜렐라 치즈, 토마토, 모짜렐라 치즈 순서로 담고 소스를 뿌린 후 후레쉬 바질로 장식한다.

Caprese

Lesson 7

Lesson 7

Caponata

시칠리아식 야채 볶음 요리인 카포나타.
옛날에는 '카포네' 라는 전갱이과 생선을 넣어 만들었다고 하는데
요즘은 가지를 주재료로 각종 야채를 넣어 만듭니다.

가지&호박 카포나타

Ingreients

가지 1개
소금 1T
작은 양파 2개
블랙올리브 100g
케이퍼 1T
마늘 3쪽
엑스드라버진 올리브오일 4T
방울토마토 100g
주키니 호박 1/3개
토마토소스 80g
닭 육수(물) 3/4컵
오레가노
타임
다진 파슬리잎 약간

이탈리아에도 가스트로노미아(Gastronomia)라는 마트의 반찬코너 같은 곳이 있습니다. 그곳에서 항상 볼 수 있는 것이 바로 이 카포나타입니다. 처음에는 도대체 어떤 맛일까 싶었지만 한 번 먹고, 두 번 먹고… 짭조름하면서도 담백한 맛에 매료되더군요. 나중에는 빵에도 올려먹고 파스타를 삶아서 비벼먹기도 했어요.

Recipe

1 **재료 준비하기** 가지는 2cm 크기의 네모로 썰어 소금을 뿌려 10분간 재운 후 키친타월로 물기를 제거한다. 양파는 꼭지를 중심으로 세로로 6~8등분, 방울토마토는 2등분. 주키니 호박도 가지와 같은 크기로 썬다. 마늘은 다지고 블랙올리브도 원형을 살려 2등분 한다.

2 **야채 볶기** 팬에 올리브오일을 두르고 양파와 다진 마늘, 블랙올리브, 케이퍼를 넣고 양파가 반쯤 익을 정도로 볶는다. 가지를 넣고 중간 불에서 5분 정도 볶고 다 익으면 모두 건져 따로 담아둔다.

3 **소스 끓이기** 볶은 야채를 건져낸 2의 팬에 오레가노, 타임, 방울토마토, 호박, 토마토소스, 닭 육수(물)를 넣고 약한 불에서 저으면서 끓여 호박을 살짝 익힌다.

4 **완성하기** 3의 호박이 살짝 익으면 2의 건져 놓은 재료를 넣고 잘 섞는다. 작은 볼에 담아 다진 파슬리잎을 얹어 따뜻하게 먹는다.

브루스게타

Ingreients

바게트 빵 1개

버터 20g

올리브오일 10g

다진 마늘 1T

다진 파슬리 2t

한번에 넉넉한 양의 마늘 버터를 만들어 팩에 담아 냉동실에 보관하고 필요할 때마다 조금씩 나눠 쓰면 편리해요.

Recipe

1 실온에 두어 부드러워진 버터에 올리브오일을 넣고 잘 풀어준다.

2 다진 마늘, 다진 파슬리를 1에 넣고 고루 섞는다.

3 바게트 빵을 1.5cm 두께로 잘라 2를 빵 위에 얇게 발라 190~200℃로 예열한 오븐에서 5분 정도 노릇하게 굽는다.

토마토 브루스게타

Ingreients

기본 브루스게타 6조각

방울토마토 10개

후레쉬 바질 5장

양파 1개

엑스트라버진 올리브오일 1T

드라이 파슬리가루 약간

소금 · 후추 · (설탕) 약간

Recipe

1 **토마토 볶기** 방울토마토를 반으로 잘라 올리브오일에 살짝 볶는다.

2 **양파 절이기** 양파는 링 모양을 살려 얇게 썰어 식초, 설탕 넣은 물에 담궈 매운맛을 제거한다.

3 **드레싱 만들기** 볼에 소금, 후추, 파슬리가루를 약간 넣고 올리브오일 고루 섞는다. 여기에 바질을 손으로 뜯어 넣는다.

4 **완성하기** 기본 브루스게타를 접시에 담고 1,2,3을 섞어 브루스게타 위에 예쁘게 올려낸다 .

Bruschetta con pomodoro

Lesson 7

바삭한 브루스게타와 상큼한 토마토가 입속을 행복하게 합니다.
옆에서 안 말리면 한없이 먹게 되니까 조심하세요!.

Lesson 7

Bruschetta con melanzane

가지 브루스게타를 만들어서 보여줬을 때,
"왜 빵에 반찬을 올려 주냐?" 라며 타박하던 친구들.
나중에는 더 달라는 소리도 못하고 서로 눈치만 보던 기억이 새록새록.

그냥 먹어도 맛있는 브루스게타를 다양한 토핑으로 즐겨보세요. 좀 더 색다른 맛을 느낄 수 있습니다.

가지 브루스게타

Ingreients

기본 브루스게타 6조각
가지 1개
양파 50g
올리브오일 1T
소금 · 후추 약간
토마토소스 3T

Recipe

1 **재료 준비하기** 양파와 가지는 1cm 크기로 잘게 썬다.
2 **재료 볶기** 올리브오일을 두른 팬에 양파와 가지를 볶고 소금, 후추로 간을 한다. 토마토소스를 넣고 살짝 더 볶아준다.
3 **완성하기** 부르스게타에 2의 볶은 가지를 올려낸다.

Lesson 8

입속을 깔끔하게 정리하는 샐러드

보통은 샐러드를 식사 처음부터 같이 먹지만 이탈리아에서는 식사 후 디저트를 먹기 전에 샐러드를 먹습니다. 기름지고 느끼한 입맛을 정리해 부드럽고 달콤한 디저트와 향긋한 커피를 즐기기 위해서라고 합니다.

Lesson 8

Insalata di condimento all' aceto balsamico

샐러드 드레싱 만들기가 어렵다는 분들을 위한 간단한 샐러드입니다.
발사믹 식초 하나와 엑스트라버진 올리브오일만 있다면 모든 준비 끝입니다.

발사믹 드레싱 샐러드

Ingreients

샐러드용 야채
양상추, 로메인, 겨자채,
레드치커리, 치커리, 비타민 등
방울토마토 8개
흰 양송이버섯 4개
소금1/2t
통후추 갈은 것
발사믹 식초 3T
엑스트라버진 올리브오일 4T

Recipe

1 **재료 준비하기** 방울토마토는 꼭지를 떼고 반으로 자른다. 흰 양송이버섯은 2와 비슷한 크기로 4등분한다.

2 **야채 준비하기** 샐러드용 야채는 잘 씻어 물기를 제거하고 먹기 좋은 크기로 손으로 뜯어 준비한다.

3 **드레싱 만들기** 작은 볼에 소금, 통후추 갈은 것, 발사믹 식초, 올리브오일을 섞어 발사믹 드레싱을 만든다.

4 **완성하기** 넓은 볼에 준비한 1, 2를 넣고 3의 드레싱을 적당히 넣어 고루 섞은 후 그릇에 담아낸다.

이 샐러드는 각자의 취향대로 병입구를 엄지손가락으로 반쯤 막고 야채 위에 휘휘 몇 바퀴 돌려 그냥 큰 서빙포크로 몇 번 뒤적이면 끝난답니다. 만드는 방법만으로는 참 성의 없어 보이는데 가장 단순한 것이 가장 담백하고 맛있다는 것, 잊지 마세요!

알싸한 홀스래디시(Horsradish, 서양 고추냉이) 드레싱이
상큼한 맛을 더해줍니다. 샐러드로 먹어도 좋지만,
작은 접시에 소량으로 담아 안티파스토로 내놓아도 손색이 없답니다.

홀스래디시 드레싱을 만들 때 생크림, 플레인 요거트, 사우어크림이 모두 갖추어져 있다면 이 세 가지를 모두 섞어서 만들어 보세요. 보다 깊은 맛을 즐길 수 있습니다.

훈제연어 샐러드

Ingreients

샐러드용 야채

양상추, 치커리, 로메인,

비타민, 비트 잎, 교나, 겨자채 등

훈제연어 적당량

사우어크림 1/2컵(100ml)(생크림이나 플레인 요거트로 대체 가능)

홀스래디시(서양고추냉이) 1T

다진 양파 1T

레몬즙 3큰술

케이퍼 1T

Recipe

1 **야채 씻기** 다양한 샐러드용 야채는 잘 씻어 물기를 뺀다.

2 **재료 준비하기** 양파는 잘게 다진다. 훈제연어는 먹기 좋은 크기로 썰어 준비한다.

3 **드레싱 만들기** 작은 볼에 다진 양파와 홀스래디시(서양고추냉이)를 넣어 섞고 생크림, 플레인 요거트, 사우어크림 중 하나를 넣어 잘 섞는다. 레몬즙을 넣어 농도와 산도를 맞추고 케이퍼를 넣어 드레싱을 완성한다.

4 **완성하기** 접시 한쪽에 다양한 야채를 보기 좋게 담고 다른 쪽에 연어를 가지런히 담은 후 드레싱을 뿌린다.

Insalata di salmone affumicata

Lesson 8

엔초비&로메인 샐러드

Ingreients

로메인 상추 150g

쌉싸름한 샐러드용 야채(레드치커리 겨자채등) 50g

소금 1/2t

엑스트라버진 올리브오일 3T

레드와인 식초 2T

발사믹 식초 1/2T

마늘 1쪽

엔초비 2~3마리

껍질 벗긴 귤 or 오렌지(통조림가능)

Recipe

1 **재료 준비하기** 야채는 싱싱한 것으로 준비하여 흐르는 물에 가볍게 씻은 후 체에 담아 물기를 빼고 손으로 먹기 좋은 크기로 자른다. 귤이나 오렌지는 속껍질까지 모두 벗겨 알맹이만 준비한다.(통조림의 경우, 체에 밭쳐 물기를 제거한다.)

2 **드레싱 준비하기** 마늘은 다지고, 엔초비는 1cm 크기로 자른다.

3 **드레싱 만들기** 소스 볼에 다진 마늘을 넣고 레드와인 식초, 발사믹 식초를 넣어 잘 섞는다. 여기에 올리브오일과 엔초비를 넣어 섞고 소금으로 간을 한다.

4 **완성하기** 볼에 1의 야채와 귤을 담아 드레싱을 끼얹어 가볍게 섞어 접시에 담아낸다.

'샐러드에 왠 오렌지?' 하셨죠? 가로수까지도 오렌지 나무인 이탈리아 남부의 시칠리아 섬에서는 샐러드에 오렌지를 넣어서 먹는답니다.

Verdure all'acciugata

Lesson 8

로마인의 상추라 불리는 로메인의 아삭함과 쌉싸름한 야채가
엔초비의 짭짤한 맛과 잘 어울려 초여름 간단한 점심식사로도 좋습니다.

Lesson 8

Insalata mista ai frutti di mare

상큼한 오렌지 드레싱과 신선한 해물을 이용한 샐러드로
익힌 해물을 차게 식혀야 제대로 된 맛을 느낄 수 있습니다.
비릴 것 같나요? 절대로 안 비려요~

*무더운 여름철 상큼한 오렌지 드레싱과 해산물이 만나 입맛을 되찾아준답니다.
*소스는 미리 만들어서 냉장고에 넣어두었다가, 먹기 직전에 흔들어서 뿌려주세요.

해산물 샐러드와 오렌지 드레싱

Ingreients

샐러드용 야채
각종 해산물(갑오징어 1/2마리, 새우 2개, 바지락 4개)
다진 마늘 1/2T
화이트와인 1T
소금 · 후추 약간

오렌지 드레싱
오렌지 주스(100%) 1 · 1/2C
엑스트라버진 올리브오일 1/3C

Recipe

1 **야채 준비하기** 샐러드용 야채는 잘 씻어 먹기 좋은 크기로 잘라 물기를 제거해 준비한다.

2 **해산물 손질하기** 껍질과 뼈를 제거한 갑오징어는 양쪽에 칼집을 넣어 한입 크기로 썰어 준비한다. 새우는 머리와 꼬리를 제외한 나머지 부분의 껍질을 벗기고 해감을 뺀 바지락은 잘 씻어 준비한다.

3 **해산물 익히기** 올리브오일을 두른 팬에 다진 마늘을 넣어 향을 낸 후 손질한 해산물을 넣고 살짝 볶는다. 와인을 넣어 잡냄새를 제거하고 뚜껑을 덮어 익힌 후 차게 식힌다.

4 **드레싱 만들기** 오렌지주스와 올리브오일을 섞어 드레싱을 만든다.

5 **완성하기** 큰 볼에 손질한 샐러드용 야채와 3의 해산물을 넣고 4의 드레싱으로 버무려 접시에 담아낸다.

Lesson 9

미소를 짓게 만드는 사랑스런 디저트

디저트는 식사를 마무리하는 의미도 있지만 또 다른 시작을 약속하는 의미도 있습니다.

처음 현지에서 맛본 돌체들은 너무 달아서 약간은 부담스러웠지요. 그러나 조리법에 당분이 거의 들어가지 않는 그들의 식탁에서 디저트는 단지 후식이 아닌 당분 섭취의 수단이기도 합니다.

Lesson 9

Tiramisu

티라미수는 이탈리아인들이 가장 사랑하는 디저트입니다.
다들 티라미슈라고 발음하지만 '슈'가 아니라 '수'가 맞습니다.
tira(tirare 끓어올리다) + mi(나를) + su(위로)의 합성어인 티라미수의
어원처럼 기분이 우울할 때 티라미수가 여러분의 기분을 즐겁게 만들 것입니다.

티라미수

Ingreients

마스카르포네 치즈 250g
바닐라 에센스 1/3t
달걀 노른자 2개
설탕 2T
생크림 1C
에스프레소 커피 1C
깔루아 2~3T
시럽 1/4C
레이디핑거 과자 또는
스폰지케익 시트 2장
코코아 가루(무가당) 적당량

에스프레소 커피가 없을 때는 인스턴트 커피를 블랙으로 진하게 타서 사용하셔도 좋아요.

Recipe

1 **무스 티라미수 만들기** 상온에 30분 정도 둔 치즈에 바닐라 에센스를 넣고 크림상태가 되도록 젓는다. 다른 볼에 달걀 노른자에 설탕을 넣고 잘 저어 미색이 나도록 저은 후 크림 상태의 치즈와 잘 섞는다. 생크림은 80%정도 거품을 올려 치즈 섞은 달걀 노른자와 가볍게 잘 섞는다.

2 **커피시럽 만들기** 미지근한 커피에 깔루아와 시럽를 섞는다.

3 **완성하기** 무스 틀이나 그릇을 준비해 스폰지케익 시트 1장을 바닥에 깔고 2의 시럽을 뿌려 적신다. 1의 무스 티라미수를 반쯤 채우고 조금 작은 케익 시트를 깔고 앞의 과정 반복한 후 윗면을 매끈하게 마무리한 후 냉장실에 5시간 이상 넣어둔다. 먹기 직전 꺼내어 코코아 가루를 체에 내려 뿌린다.

Lesson 9

Panna cotta

판나코타는 생크림을 이용한 푸딩으로 이탈리아의 대표적인 디저트입니다.
계절에 따라 취향에 따라 과일 시럽이나
생과일, 커피 시럽 등을 뿌려 먹기도 합니다.

*냉장고에서 잘 굳힌 후 뜨거운 물수건으로 틀을 감싸 내용물을 분리하세요.
*좀 더 부드러운 판나코타를 원하신다면 2의 과정이 끝나고 체에 한번 거르셔도 좋습니다.

판나코타

Ingreients

우유 200g
생크림 300g
설탕 40g
판 젤라틴 9g
바닐라향 약간

Recipe

1 **젤라틴 불리기** 찬 얼음물에 판 젤라틴을 담가 부드럽게 불린다.
2 **재료 끓이기** 냄비에 우유, 생크림, 설탕, 바닐라향을 넣어 중간 불에서 뭉근하게 끓인다.(90℃정도) 1의 젤라틴을 물기 없이 꼭 짜서 넣고 냄비를 불에서 내려 젤라틴을 완전히 녹인다.
3 **완성하기** 젤라틴이 완전히 녹아 어우러지면 푸딩틀이나 작은 유리컵에 담아 냉장고에서 굳힌다.

Lesson 9

Sarbetto al pomodoro

어린시절 각종 주스를 틀에 담아 막대기 하나씩 꽂아 얼려주시던 엄마표 셔벗.

그때는 어찌나 맛있었던지요.

그때의 추억을 되살려 좀 더 부드럽고 고급스런 셔벗에 도전하세요.

설탕과 시럽의 양은 각자의 취향에 따라 조금씩 가감할 수는 있습니다.
그러나 당도가 너무 낮으면 나중에 뜰 때 뭉쳐지지가 않으니 주의하세요.

토마토 셔벗

Ingreients

토마토 800g
시럽 1C
(물:설탕=2:1 비율로 끓여서 식힌다.)
설탕 4T

Recipe

1 **토마토 손질** 토마토는 씻어서 꼭지를 제거하고 적당한 크기로 큼직하게 썬다.
2 **토마토 갈기** 믹서에 1의 토마토와 분량의 시럽과 설탕을 넣어 곱게 간다.
3 **굳히기** 넓은 스테인리스 볼에 2를 담아 냉동실에 넣어 1시간 가량 굳힌다.
4 **다시 굳히기** 가장자리가 굳은 3을 거품기로 잘 섞어 부드러운 입자가 되면 다시 냉동실에 넣어 30분~1시간 가량 굳힌다.
5 **부드럽게 만들기** 4의 과정을 4~5회정도 반복하여 부드러운 셔벗을 만든다.
6 **완성하기** 완성된 셔벗은 유리나 스테인리스 밀폐용기에 담아 냉동실에 보관하고 한 스쿱씩 떠서 낸다.

요구르트 셔벗

Ingreients

마시는 플레인 요구르트 1컵

떠먹는 플레인 요구르트 100ml

우유 1/2컵

설탕 4T

Recipe

1 **재료 섞기** 넓은 스테인리스 볼에 플레인 요구르트, 우유, 설탕을 고루 섞는다..

2 **재료 굳히기** 1의 설탕이 완전히 녹으면 스테인리스 볼 채로 냉동실에 넣어 30분 정도 굳힌다.

3 **다시 굳히기** 볼의 가장자리가 살짝 얼은 2를 거품기로 잘 섞은 후 다시 냉동실에 넣어 30분 정도 굳힌다.

4 **부드럽게 만들기** 3의 과정을 4시간 정도 반복하여 부드러운 셔벗을 만든다.

5 **완성하기** 완성된 셔벗은 유리나 스테인리스 밀폐용기에 담아 냉동실에 보관하고 작은 잔이나 유리컵에 한 스쿱씩 떠서 낸다.

달콤, 상큼, 새콤한 요구르트의 변신은 무죄!
단! 팔운동할 각오는 하세요. 살짝 얼면 꺼내서
저어줘야 부드럽고 고운 셔벗이 완성됩니다.

마시는 요구르트로만 만드셔도 됩니다. 어느 날 떠먹는 것으로만 만들었더니 조금 떫은맛이 생기더군요. 떠먹는 요구르트만으로 만들 때는 설탕과 우유의 양을 조금 늘리세요.

Sarbetto al yogurt

Lesson 9

Lesson 9

Mele al forno con Salsa al caramello

처음에 이 디저트를 만들어 준다고 했을 때 주변의 반응은 똑같았습니다.
멀쩡한 사과를 꼭 그렇게 먹어야해? 뭐 40분을 기다리라고?
시간이 지나 오븐 속에서 나온 사과를 볼 때만해도 반응은 뭐~ 그저 그렇습니다.
그러나 시럽이 뿌려지고 한 조각 입속으로 들어가는 순간… 모두의 표정은 행복함에 빠져들죠.

구운 사과와 캐러멜소스

Ingreients 사과4개분량

사과 4개

설탕 1T

계피가루 1/4t

속

슬라이스 아몬드 1/2C, 설탕 1/4C

녹인 버터 2t, 바닐라오일 1/4t

소금 1/8t, 딜걀흰자 1개분

소스

설탕 1/2C, 물 3T

사과 맛 사이다 1/2C, 브랜디 1T

그랑마니에(오렌지술) 1T, 버터 1t

Recipe

1 **속 재료 만들기** 슬라이스 아몬드를 다져서 나머지 속 재료와 함께 넣고 섞는다.

2 **사과 준비하기** 사과는 세로로 반 잘라 씨를 중심으로 1T 크기로 속을 파낸다. 접시에 설탕 1T와 계피가루 1/4t를 섞어 사과 단면을 찍어내거나 뿌린다.

3 **사과 익히기** 2의 씨 파낸 사과 속에 1을 채워 180℃로 예열한 오븐에서 40분간 황금색이 나도록 굽는다.

4 **소스 만들기** 사과가 익는 동안 캐러멜소스를 만든다. 소스 팬에 분량의 설탕을 넣고 물을 넣어 중간 불에서 끓여 녹인다. 갈색이 되면 사이다를 조금씩 넣어 섞고, 나머지 재료를 넣고 섞는다.

5 **완성하기** 구운 사과 위에 소스를 적당히 뿌려서 낸다.

여기에 소개한 캐러멜 소스는 다양한 디저트에 응용 가능합니다. 에스프레소 커피에 우유를 조금 넣고 생크림을 올리고 캐러멜 소스를 뿌려보세요. 캐러멜 마끼아또가 됩니다.

Lesson 9

Banana foster con gelato

바나나를 굽거나 익혀먹는 것은 우리에게는 익숙하지 않은 조리법이지만 요리용 바나나가 따로 있을 정도이니 그다지 신기한 일은 아닙니다. 뜨거운 바나나와 차가운 아이스크림. 그 오묘한 맛의 조화를 느껴보세요.

*너무 잘 익은 바나나는 굽는 과정에서 풀어질 수 있습니다. 살짝 덜 익은 바나나로 만드세요.
*아이스크림은 조금 더 질 좋은 바닐라 아이스크림으로 곁들이길 권합니다. 가격의 차이보다 맛의 차이가 더 크니까요.

바나나 구이

Ingreients

바나나(덜 익은 것) 3개
무염버터 60g
황설탕 60g
럼주 3T
바닐라 아이스크림

Recipe

1 **바나나 준비하기** 바나나는 껍질을 벗기고 길이로 길게 2등분하고 사선으로 다시 2등분 한다.

2 **바나나 굽기** 큰 프라이팬을 중불에 올려 버터를 녹인다. 버터가 거품이 생기면 바나나 자른 면이 바닥으로 가게 넣어 연한 갈색이 되도록 5~6분 정도 구어 뒤집는다. 황설탕을 뿌리고 럼을 넣고 팬을 살살 돌려 바나나가 황금갈색이 되도록 4~5분간 더 익힌다.

3 **완성하기** 접시에 바나나를 담고 팬에 남은 소스를 얹고 아이스크림을 올려낸다 .

Pasta brisee

기본 타르트 반죽하기

Ingreients 20~23cm 2개분

박력분 250g, 무염버터 130g

우유 60g, 달걀 노른자 1개

소금 약간, 설탕 6g

Recipe

1 **재료 준비하기** 밀가루는 체에 2번 친다. 버터는 주사위 크기로 자른다.

2 **버터와 밀가루 섞기** 밀가루에 주사위 모양으로 자른 버터를 넣고 콩알 크기로 자르듯 섞는다.

버터가 잘게 잘라져 밀가루와 섞여 소보로 상태가 될 때까지 계속 자르듯 섞는다.

3 **나머지 재료 넣기** 작은 볼에 노른자, 우유, 설탕, 소금을 한꺼번에 섞은 후 2에 넣어 섞는다.

4 **반죽 완성하기** 주걱으로 살살 잘 섞어 날밀가루 없이 반죽이 한 덩어리가 되도록 한다. 반죽을 랩으로 싸서 냉장고에서 30분간 휴지시킨다.

5 **반죽 밀기** 반죽을 반으로 나눠 가루를 뿌려가며 2~3번 접어 밀기 좋은 상태로 만든다. 반죽을 3mm 두께로 타르트 팬보다 5cm정도 크게 밀어 포크로 공기구멍을 만든다. 반죽을 타르트 팬의 가장자리까지 밀착되도록 덮고 윗면을 정리한다.

Crema pasticcera

커스터드크림 만들기

Ingreients

우유 500g

설탕 60g

생크림 60g

바닐라 빈 1/2개(바닐라오일 1t)

달걀 노른자 4개

설탕 60g

옥수수 녹말 20g

박력분 20g

Recipe

1 **재료 끓이기** 소스 냄비에 우유, 설탕, 생크림, 바닐라오일을 넣고 끓인다.

2 **달걀 풀기** 볼에 노른자를 풀고 설탕을 넣고 잘 저어 설탕이 고루 섞이게 한다.

3 **밀가루 체치기** 녹말과 밀가루 체 친것을 2에 넣고 섞는다.

4 **재료 섞기** 1이 끓으면 3에 조금 떠 넣고 섞는다.

5 **크림상태로 만들기** 1에 4를 넣고 약한 불에서 계속 저어 크림상태로 만든다.

6 **식히기** 넓은 그릇에 5를 쏟아 넓게 펴고 랩을 덮어 냉동실에 잠시 넣어 재빨리 식힌다.

바닐라 빈은 얇고 긴 콩깍지처럼 생긴 것으로 가운데를 갈라 후추처럼 생긴 씨를 긁어내 사용한답니다. 워낙에 고가이기 때문에 바닐라 빈을 구하기 어려울 때는 바닐라오일로 대신해도 됩니다.

잣 타르트

Ingreients

타르트 반죽

박력분 125g, 버터 65g

우유 30g, 달걀 노른자 1/2개

소금 약간, 설탕 3g

커스터드크림

우유 250g, 설탕 30g

생크림 30g, 바닐라오일 1/2t

달걀 노른자 2개, 설탕 30g

옥수수 녹말 10g, 박력분 10g

토핑

잣

Recipe

1 **반죽하기** 분량의 재료로 타르트 반죽을 만든다.

2 **커스터드크림 만들기** 분량의 재료로 커스터드크림을 만든다.

3 **반죽 밀어 굽기** 반죽을 타르트 팬 크기보다 크게 밀어 포크 등을 이용해 공기구멍을 낸 후 팬에 깔아 윗면을 정리한다. 팬 안쪽에 유산지를 깔고 콩 등을 채워 180℃로 예열한 오븐에서 20분 정도 구워 유산지와 콩을 들어낸다.

4 **완성하기** 타르트 반죽 안쪽에 2의 커스터드크림을 틀보다 약간 낮게 채우고 윗면에 잣을 골고루 빼곡하게 넣는다. 180℃로 예열한 오븐에서 잣이 노릇하게 될 때까지 20분 정도 굽는다. 완전히 식은 파이 윗면에 슈거파우더를 뿌려 마무리한다.

타르트 반죽을 먼저 오븐에 구울 때 콩류를 얹어서 구우면 반죽이 부풀어 오르는 것을 막을 수 있습니다. 마지막 슈거파우더는 단맛이 싫다면 생략해도 됩니다.

Torta della nonna

Lesson 9

잣 타르트를 만들어 어르신들께 선물하면 모두 '이 비싼 잣으로 이런 것을 만들어?'
라고 하시지만 드신 후에는 너무 맛있다며 좋아하십니다.
잣의 고소함과 오븐에 구운 커스터드크림의 조화가 고급스러운 맛을 표현합니다.

Lesson 9

Crostata alla frutta

신선한 제철 과일과 직접 만든 커스터드크림이 맛있게 조화된
부드럽고 고소한 맛이 일품인, 차게 먹는 타르트입니다.

타르트 반죽을 구운 후 뜨거울 때 분리하면 깨지기 쉽습니다. 그러니 꼭 그대로 식힌 후 분리하세요.

과일 타르트

Ingreients

타르트 반죽

박력분 125g, 버터 65g

우유 30g, 달걀 노른자 1/2개

소금 약간, 설탕 3g

커스터드크림

우유 250g, 설탕 30g

생크림 30g, 바닐라오일 1/2t

달걀 노른자 2개, 설탕 30g

옥수수 녹말 10g, 박력분 10g

토핑

파인애플, 키위, 딸기, 블루베리 등 각종 과일

Recipe

1 **준비하기** 분량의 재료로 타르트 반죽과 커스터드 크림을 준비한다. (잣 타르트 참고)

2 **반죽 밀어 굽기** 잣 타르트와 같은 방법으로 반죽을 밀어 틀에 준비하고 콩을 얹은 후 180℃로 예열한 오븐에서 35~40분 정도 노릇하게 완전히 굽는다. 틀 채로 완전히 식은 후 타르트 반죽을 들어낸다.

3 **완성하기** 2의 구워 진 기본 타르트 안에 커스터드크림을 채운 후 윗면을 고르게 편다. 각종 과일을 보기 좋게 얹어 과일 타르트를 완성한다. 살구잼을 물과 같은 분량으로 섞어 살짝 끓여 식힌 후 과일에 윤기가 나게 바른다.

ITALY
2008/0/0

Barolo

Torino

Firenze

Milano

From

이탈리아에서 날아온 맛있는 쪽지

From Barolo

이탈리아 와인마니아라면 '바롤로'로 떠나라

발신지: 바롤로
상호 : 로칸다 넬 바르고 안티꼬(Locanda nel Borgo Antico)
주소 : Via boschetti 4, Barolo, Italia

어느 날씨 좋은 주말 오후, 오랜만에 친구들과 작정하고 길을 떠났다.

와인에 미친 우리가 주말동안 바롤로 Barolo에 가기로 결정을 하는 데는 오랜 시간이 걸리지 않았다. 왜? 이탈리아 와인이 세계에 이름을 알리고 그 품질을 인정받게 된 게 바로 바롤로와 바르바레스코 Barbaresco 와인이기 때문이다. 그러니까 이탈리아 와인의 본고장인 셈이다.

고속도로를 지나 알바 Alba라는 도시에 들어섰다. 거대한 구릉들이 온통 포도밭으로 뒤덮인 이색적인 풍경이 펼쳐지고 중세의 고성들도 눈에 들어오는 이곳이 바로 랑게 Langhe 언덕이다. 언덕 아래로 펼쳐진 풍광들을 보고 있자니 왜 이곳에서 좋은 와인이 생산되는지 충분히 알 수 있었다. 자연의 혜택을 완벽하게 누리고 있었기 때문이다.

바롤로 와인만 140여 종류가 된다니!

이곳에서는 한 가지 품종의 포도만 재배한다고 한다. 그런데 한쪽에서는 바롤로가 한쪽에서는 바르바레스코가 생산된다니 비슷한 포도밭의 조건에서 상반된 성격의 와인이 만들어진다는 게 놀라웠다.

눈만 돌리면 온통 포도밭뿐인 이곳에서 우리가 찾은 곳은 바로 로칸다 넬 바르고 안티꼬 Locanda nel Bargo Antico라는 레스토랑이다. 함께 간 친구 하나가 이곳 레스토랑에서 일을 했었다. 레스토랑은 도시의 분위기와는 반대되는 초현대식 분위기이다. 랑게언덕 위의 현대적 레스토랑. 상반된 분위기지만 그 조화로움이란

한 치의 어색함도 없다.

바롤로의 모든 레스토랑들이 다 이럴까? 갑자기 궁금해졌다. 이곳의 와인리스트는 정말 놀라웠다. 바롤로 와인만 140여 종류가 된다니! 우리도 바롤로 와인 한 병을 주문했다. 음식은 친구가 일했던 곳이라 와인과 어울리는 요리로 알아서 준비해 준단다. 아는 곳에 오면 가끔 이런 호사를 누릴 수 있어 좋다.

안티파스토-가리비

전채요리로 가리비 Capesante가 나왔다.

음~ 입맛을 제대로 돋운다. 프리모 피아토 Primo Piatto로 타야린 Tajarin이라는 계란으로 반죽한 후레쉬 파스타를 주셨는데 그 맛이 너무도 담백하고 깔끔해서 기분이 좋아졌다.

Tajarin

그리고 메인요리인 양갈비 구이를 먹었다. 뜨거운 돌 위에 양갈비를 얹어 나왔는데 취향에 따라 돌 위에서 더 익혀 먹을 수 있게끔 배려한 듯하다. 역시 고기는 적당히 덜 익혀야 제 맛이다. 그 뒤로 우리에게 달콤한 디저트도 서비스되었고 식사의 마무리로 카페도 한잔 마셨다. 식사 후 주방장 겸 오너인 막시모씨와 인사를 나누고 멋진 사진도 찍었다.

오늘의 세콘도 피아토~

이날 이후 와인을 좋아하는 친구가 오면 주저 없이 이곳으로 와인여행을 떠난다. 그때마다 맛있는 요리와 기대를 저버리지 않는 와인이 있어 더없이 좋았다. 하지만 무엇보다 중요한 것은 좋은 사람들과 함께 소중한 추억을 남겼다는 것이다.

가끔은 한국의 소주가 그리운 '아리안나'

멋진주방장 막시모씨

From Torino

'포카챠 카프레제'에 푹 빠졌어요!

발신지 : 토리노
상호 : 토리노 포카챠가게 Focacceria Tipica Ligure
주소 : Via Giolitti 4. Torino. Italia

Ciao~ Ciao~

여기는 이탈리아 북부의 토리노 Torino입니다. 토리노는 피에몬테 Piemonte주의 주도이고, 한국에서는 2006년 동계올림픽으로 더 유명해진 도시랍니다. 피에몬테는 이태리 내에서도 음식과 포도주로 아주 유명합니다.

특히나 바롤로 Barolo와 바르바레스코 Barbaresco가 생산되는 곳이고, 이탈리아가 자동차로 명성을 날릴 수 있게 만든 이탈리아 최대의 자동차 회사인 피아트Fiat의 본사가 있는 곳이기도 합니다. 아~ 그리고 토리노에는 파리 에펠탑 이전에 유럽 최고의 첨탑 건축물을 자랑하는 몰레 안토넬리아나 Mole Antonelliana, 유로 2센트 동전 뒷면 그림가 있는 도시입니다. 건축양식과 도시 전체의 색채감이 이탈리아보다는 프랑스의 느낌이 강해 '리틀 파리'로 불리기도 한답니다.

토리노에 많은 포카챠 가게

토리노에 살면서 서울과 참 비슷하다는 느낌을 자주 받습니다. 도시를 중심으로 포 Po강이 흐르고 뒤로는 알프스 산맥이 자리 잡고 있거든요. 서울만큼 복잡하고 정신없는 도시는 아니지만 이탈리아 내에서 5,6번째로 큰 도시인만큼 점심시간에는 여기저기 직장인들과 학생들로 붐비죠.

이곳 토리노에는 유달리 '포카챠 Focaccia' 가게가 많습니다. 포카챠란 밀가루에 이스트, 허브, 소금, 올리브오일을 넣고 반죽해서 손으로 눌러 공기를 빼고 오븐에 구운 빵을 말하는데, 토핑으로 여러 가지를 올려서 굽기도 합니다. 소위 빵이 두꺼운 미국식 피자와 비슷하기도 하죠. 그 종류 또한 무궁무진합니다.

인기메뉴인 포카챠 카프레제~

한국인이 좋아하는 매운 맛의 포카챠!

토리노의 응접실이라 불리는 산 카를로 San Carlo광장에서 아주 가까운 곳에 포카체리아 티피카 리구레 Focacceria Tipica Ligure라는 작은 포카챠 가게가 있습니다. 이곳은 항상 학생들과 직장인들로 붐비는데 바쁜 점심시간에 간단히 한 끼를 해결하기에 더없이 좋은 곳입니다. 그 많은 토리노의 포카챠 가게 중에 이곳을 소개하는 이유는 이 집 만의 매력이 있기 때문이죠.

이 집의 많은 포카챠 중에서도 포카챠 사이에 모짜렐라 치즈를 넣어 만든 '포카챠 카프레제 Focaccia Caprese'는 특히 인기가 있답니다. 또한 한국인들이라면 누구나 좋아할 만한 포카챠도 있는데 바로 매운 이탈리아식 소시지를 넣은 포카챠 꼰 살시챠 피칸테 Focaccia con Salsiccia Picante랍니다. 짭짤하면서도 매콤한 이 포카챠는 저도 특별히 좋아하는 것이죠.

특히 이 집의 포카챠들은 중독성이 강해 거의 하루가 멀다시피 들리게 합니다. 토리노를 찾는 한국인의 대부분은 관광객보다는 비즈니스로 오시는 분들이 많은 것 같습니다. 그런 분들이나 혹여 배낭여행 등으로 토리노를 찾을 계획이 있는 분들에게 저는 이곳을 추천하고 싶습니다. 근사한 레스토랑은 아니지만 현지 직장인이나 학생들의 점심 문화를 엿보기에 이보다 좋은 곳은 없을 듯합니다.

가격은 보통 2유로 Euro정도라 가격대비 맛도 아주 훌륭하니까요.

토리노 국립미술원에서 '이강석'

From Firenze

피렌체의 작은 트라토리아 '마리오'

발신지 : 피렌체
상호 : 마리오(Mario)
주소 : Via della Rosina 2, Firenze, Italia

서울에서 반가운 친구가 왔다. 결혼하고 신혼여행을 이탈리아로 정했단다. 왜? 친구가 있으니까. 그렇게 온 친구 부부와 함께 피렌체 관광에 나섰다. 공부에 지쳐갈 때쯤 머리도 식히고 맛있는 음식으로 충전도 하고, 신혼부부의 닭살 애정 행각쯤이야 귀여운 애교로 봐주면서 즐거운 한때를 보냈다.

피렌체에 가면 꼭 빼놓지 않고 들리는 곳이 있다. 마리오 Mario 라는 이름의 작고 아담한 트라토리아 Trattoria 이다. 트라토리아란 보통은 가족단위로 운영되는 가족식당이다. 한정식집이라고 하기에는 너무 거창하고 작고 소박한 한식집 정도로 생각하면 될 것 같다.

이탈리아의 식당은 크게 4가지로 구분되는데 그 최상위가 레스토란떼 Restorante로 품위와 격식이 있고 식기들까지도 고급스러운 것들로 그 격식을 갖추고 있다. 그보다 조금 편한 곳이 오스테리아 Osteria 란 곳인데 가격도 레스토란떼보다는 조금 저렴한 편이다. 세 번째가 바로 트라토리아다. 가볍게 식사하기에 좋고 그 지방의 특별한 맛과 멋을 즐기기에 더없이 좋은 곳이다. 그리고 마지막이 바로 핏제리아 Pizzeria 이다. 각종 피자와 간단한 파스타를 즐길 수 있어 한 끼 식사를 해결하기에 가장 무난한 곳이며 가장 보편화된 곳이기도 하다.

트라토리아

핏제리아를 제외한 모든 곳이 거의 예약이 필수이다. 뭐 가끔 예약 없이 가도 자리가 있기는 하나 예약문화가 보편화된 이 나라에서 불쑥 가서 '자리 있느냐?' 라고 묻는 건 서로를 당황하게 만드는 일일 것이다.

내가 너무 좋아하는 피렌체의 작은 트라토

토스카나 특산살루미

크로스티니~

리아 '마리오 Mario'. 피렌체 두오모 성당에서 걸어서 5분 거리. 워낙에 주변이 골목골목인지라 어떻게 찾아가라는 설명보다는 주소랑 지도를 보며 찾아가는 게 좋을 듯하다. 이곳을 좋아하는 이유는 맛있고, 싸다는 이유도 있지만 토스카나 전통의 맛을 느낄 수 있기 때문이다. 음식 종류가 많지 않기 때문에 종업원이 와서 그냥 말로 설명하고 주문을 받는 경우가 많다. 그러나 메뉴판은 따로 준비되어 있으므로 달라고 하면 준다. 와인 또한 이 집의 음식들과 어울리는 것들로 준비되어 있어 크게 고민하지 않아도 된다. 가격 또한 저렴하니 더없이 좋다.

친구 부부와 함께 다시 찾은 마리오에서 이것저것 많이도 먹었다. 안티파스토 Antipasto로 미스티 Misti 모듬를 시켰더니 토스카나 특산의 살루미 Salumi 염장한 고기와 크로스티니 Crostini 바게트 위에 여러 가지를 얹은 것가 나왔다.

봉골레 스파게티를 먹고, 우리가 그토록 원하던 바로 그 유명한 피오렌티나 Fiorentina, 피렌체에서 유명한 스테이크 이름 가 드디어 눈앞에 등장했다. 크기도 크기지만 두께도 두툼하니 볼 때마다 절로 흐뭇한 미소를 짓게 만든다. 겉은 숯불로 구워 그 향이 코끝을 자극하고, 속은 고기와 육즙이 그대로 살아 있으니 그 맛이란 정말 환상 그 자체이다.

친구 부부도 피오렌티나에 감동했는지 일순간 조용해졌다.

피렌체를 찾는 모든 사람들에게 '마리오'를 꼭 들려보라 권하고 싶다. 절대 후회하지 않을테니까.

유명한 피오렌티나

두툼하다!

피오렌티나 때문에 피렌체를 찾아가는 'Muglee'

봉골레 스파게티!

From Milano

밀라노 근교의 농장을 개조한 레스토랑

발신지 : 밀라노
상호 : 깜프 디 첸뜨 뻬르띠그(Camp di Cent Pertigh)
주소 : Via Trento Trieste 63, Carate Brianza, Italia

1600년대 수녀원이었던 곳을 1800년대 초에 브리안짜 Brianza의 어느 귀족 여인이 구입하여 건물의 한 부분을 롬바르디아 Lombardia 밀라노가 속해 있는 주 이름스타일의 농장을 만든 것이 이 레스토랑의 전신이라고 한다.

그리고 1992년도에 지금의 주인이 사들여 4년 반에 걸쳐 재건축을 함으로써 원래 수녀원이 가지고 있던 모습을 거의 되찾았다고 할 수 있다. 이탈리아에서는 옛 건물의 소유주가 되었다고 건물을 함부로 고치거나 훼손할 수 없다고 한다. 옛 건물에 대한 이탈리아 사람들의 애정과 열정이 놀라우면서 한편으로는 부러웠다.

감각적인 레스토랑이다

석류를 넣어주는 센스!

레스토랑은 여러 건물로 나뉘어져 있어 전부 돌아보지는 못했지만 전체적으로 옛 농장의 향수를 느끼게 했다. 농장의 소박함과 현대적인 우아함이 어우러져 근사한 분위기를 내고 있었다. 우리가 식사했던 곳의 바로 옆에는 넓은 공간이 있었는데 옛 가구와 벽난로, 나무 바닥과 붉은 벽돌이 내리는 비와 함께 어우러져 시골의 따뜻함과 한가로움을 느낄 수 있었다.

리조토와라비올리

명태와 제비콩~~~맛없었다

안티파스토로 맛 본 요리는 프로슈토 Prosciutto 생햄와 카르쵸피Carciofi 지중해연안의 국화과 식물로 봉우리 속의 연한 부분만 사용한 향신료, 페코리노 Pecorino 양젖치즈치즈에 여러 가지 소스가 등장했다. 빨간 석류알맹이를 올려놓아 느끼함을 살짝 배제시켰고 시각적으로도 한껏 아름다웠다.

그리고 등장한 다양한 프로슈토들. 이탈리아인들의 저녁식사는 세계 어디서나 마찬가지겠지만 섬세한 데코레이션을 통해 시각적인 즐거움을 잊지 않는 데서 재미를 느낄 수 있다.

프리모 피아토 첫 번째 접시로 리조토 Risotto와 라비올리Ravioli, 겨울철에 많이 먹는 고급음식 중에 하나인 타르투포tartufo 송로버섯가 나왔다. 타르투포는 코를 쏘는 듯한 독특한 향과 맛이 나서 좋아하는 사람들이 많았다.

세콘도 피아토두 번째 접시로 준비된 명태와 제비콩Lenticchie요리는 그릭 포플라나무에 기생하는 버섯을 이용해 만든 것이었는데 맛이 밋밋한 명태를 너무 살리려다가 필요이상의 다양한 맛이 한꺼번에 들어가 원 재료의 고유한 맛이 없어져 버린 듯한 느낌이 들어 아쉬웠다. 다른 요리들에 비해 상대적으로 인기가 없는 요리였다. 두 번째 세콘도 피아토는 수송아지 고기에 겨자를 약간 넣고 콩과 검은 송로버섯으로 맛을 냈는데, 고기 본래의 맛을 좋아하는 나로서는 과한 소스가 들

어간 이 요리가 그렇게 끌리지는 않았다. 그러나 다양한 재료가 어우러지는 맛을 좋아하는 사람이라면 흥미롭게 먹을 수 있을 것 같다.

후식으로 나온 티라미수(Tiramisu)는 친구들이 장난을 치는 바람에 모퉁이가 약간 무너졌다. 고기와 생선요리까지 먹는 바람에 입안이 느끼하고 복잡했는데 후식으로 나온 티라미수의 달콤하면서도 고소한 맛이 입안을 잘 정리해 주었다.

티라미수

그리고, 이탈리아 사람들에게 없어서는 안 되는 '카페'의 등장. 이탈리아의 카페는 막을 내리는 오페라 공연의 붉은 벨벳 장막과 같은 느낌으로 다시금 새로운 저녁식사를 약속하는 뜻이기도 하다.

정말 편안하고 따스한 분위기에서 오랜 시간동안 이런 저런 이야기들과 음식들을 나누면서 모든 식사가 끝났다. 20여명의 친구들이 일인당 50유로 약 6만원정도에 에피타이저부터 카페까지 배불리 먹고 기분 좋게 마실 수 있었다.

한국에서 생각하는 싸고 좋은 음식점이 아니지만 '좋은 것을 찾고 싶으면 그에 합당한 가격을 지불해라.' 즉, 싸고 질까지 좋을 수 없다는 사고방식을 가지고 있는 이탈리아 사람들의 생활방식이 고스란히 느껴지는 감각적인 레스토랑이다.

고풍스러운 느낌의 이 레스토랑은 친구들, 연인들, 가족들 모두에게 맛과 함께 멋까지 더불어 선물해 주는 곳으로 밀라노에 방문하는 사람들에게 추천해주고 싶다.

이탈리아 북부 밀라노에서 '채지'

카페최고!!!!!!!!

이 책에 사용한 각종 재료들

이탈리아 요리에는 이탈리아 요리에만 쓰이는 조금은 특별한 재료들이 있습니다.
꼭 있어야 할 것도 있고 그렇지 않은 것들도 물론 있겠죠.
그러나 이 책에 사용한 재료들은 기본 중의 기본들이니 그 특징을 알고 제대로 사용한다면
분명 맛의 비결이 될 것이라 믿습니다.

토마토 & 토마토홀 통조림
Pomodoro

이탈리아 요리의 대표주자 토마토.
나폴리의 물 빠짐이 좋은 석회질 토양과 뜨거운 태양은 토마토를 키우기에는 최적의 장소이다. 양질의 토양과 기후 덕에 푸릇한 열매가 노란색으로, 태양처럼 붉은색으로 개량되면서 황금의 사과(pomo-doro)라는 이름도 갖게 되었다.
요리에 사용되는 토마토는 일반 식용 토마토와는 다른 과육이 두껍고 단단한 약간 길쭉한 모양의 플럼토마토(plum tomato)를 사용한다. 우리나라에서는 구하기 어려우므로 통조림으로 나오는 토마토홀을 사용하면 된다.
토마토홀은 플럼토마토를 부드럽게 삶아 껍질을 벗기고 그 국물과 함께 캔에 저장한 것이다.

양파
Cipolla

거의 모든 나라의 식탁에 빠지지 않는 식재료인 양파. 이탈리아 역시 예외는 아니다.
보통 크기의 양파는 조리법에 맞게 썰어 사용하고 작은 양파는 모양을 살려 조리하거나 장식용으로도 좋다.

올리브오일
Olol d'oliva

올리브오일은 올리브열매를 짠 100% 과즙으로 지중해의 다이어트 식품으로 불린다. 산도에 따라 여러 등급으로 나뉘는데 산도가 높은 것일수록 향과 순도가 높다. 가장 먼저 짜낸 오일을 엑스트라버진(Extra Virgin)이라하고 산뜻하고 밝은 녹색을 띠며 향이 진해 샐러드나 파스타 위에 뿌려먹는다. 엑스트라버진을 짠 과육들을 모아 다시 한번 짜낸 것이 우리가 일반적으로 볶음이나 튀김할 때 사용하는 올리브오일(Olio d'oliva)이다.

마늘
Alglio

우리나라만큼 마늘을 자주 사용하는 이탈리아 요리의 맛의 비결은 올리브오일의 향과 마늘의 향을 얼마나 잘 살리는가가 포인트이다.
요리에 따라 마늘을 어떻게 넣느냐가 매우 중요한데 은은한 향을 낼 때는 칼등으로 으깨고 향과 씹는 맛을 즐길 때는 얇게 저며 사용하고 마늘의 강한 향을 원할 때는 다져서 사용한다.
주로 올리브오일에 볶아서 오일에 마늘 향이 우러나도록 한다.

페페론치노
Peperoncino

일명 폭탄 고추라 불리는 이탈리아고추인 페페론치노는 주로 통째로 쓰거나 칼등으로 으깨서 사용한다. 콜럼버스가 후추를 구하기 위해 대항해를 떠났던 것처럼 후추가 귀하던 시절에 남부 이탈리아에서는 후추와 교환할 특산물이 없었다. 그래서 후추 대용으로 사용했던 고추가 지금의 매콤한 파스타 등의 걸작들이 탄생하게 된 배경이다.

소금
Sale

이탈리아 요리는 대부분 심플한 맛을 강조하기 때문에 요리의 마지막 과정에서 소금을 살짝 뿌리는 정도에서 마무리된다.
따라서 용도에 따라 사용할 두 가지 종류의 소금을 준비하면 편리하다.
파스타 삶을 때 사용할 굵은 소금과 소스의 마지막 간을 할 입자가 고운 소금.

후추

Pepe

후추는 모든 나라에서 보편적으로 사용하는 향신료이다.
후추열매는 처음에는 초록색에서 붉은색으로, 완전히 익었을 때는 검정색이 된다. 그럼 흰 후추는? 검정색 후추의 껍질을 벗긴 것이 흰 후추다.

분말후추보다 통후추를 그때그때 즉석에서 갈아 쓰는 것이 훨씬 향이 풍부하고 맛도 좋다.

발사믹 식초

Aceto Balsamico

화이트와인에 식초를 섞어 오크통에 넣어 숙성시킨 것이 발사믹 식초이다. 와인처럼 숙성 기간이 길수록 향과 맛이 좋아지고 가격도 비싸진다. 보통은 5~7년 숙성된 것을 사용하지만 좀 더 깊은 맛을 원할 때는 12년 이상 된 것을 사용하자. 오래 된 것일수록 점도도 높다.

엔초비

Acciughe

멸치류의 머리와 내장을 제거하고 소금에 절여 자연 발효시키면 독특한 풍미가 생기는데 그 향과 짠맛이 조미료의 역할을 하게 된다. 보통은 발효된 멸치를 올리브오일에 절여 병이나 캔에 넣은 것을 판매한다.

와인

Vino

요리에 사용하는 와인은 단맛이 없는 드라이 와인을 사용해야 한다. 화이트와인의 신맛인 산 성분은 해산물의 비린 맛을 제거해 주고, 레드와인의 떫은맛인 탄닌 성분은 육류의 잡냄새 제거와 연육작용을 해 소스의 깊은 맛을 내는데 중요한 역할을 한다.

파마산 치즈

Parmigiano-Reggiano

보통은 피자 위에 뿌려먹는 치즈로 잘 알려진 파마산 치즈의 정식 이름은 파르미쟈노 레자노이다. 이탈리아 파르마지역의 700년 전통의 특산품으로 치즈의 왕이라 불릴 만큼 깊은 맛과 품위 있는 향을 지녔다. 달큰한 감칠맛이 있어 저며 썰어 그대로 먹거나 파스타나 리조토(Risotto) 위에 갈아서 뿌려 먹는데 파스타나 리조토의 최후의 맛을 결정한다고 할 수도 있다. 육류, 토마토소스, 크림소스와는 잘 어울리나 해산물 요리와는 잘 어울리지 않는다.

모짜렐라 치즈

Mozzarella

이탈리아 남부가 원산지인 모짜렐라 치즈는 원래 버팔로라 불리는 물소의 젖으로 만들었지만 요즘은 일반 우유로 만든다. 오랜 시간 발효의 과정을 거치는 일반적 치즈 제조법과는 달리 모짜렐라는 치즈를 만들어 바로 먹는다는 의미처럼 발효의 과정이 없는 생치즈이다. 피자나 그라탕에 얹어 오븐에 구워 먹거나 그대로 잘라 샐러드에 넣어 먹기도 한다.

생크림

Panna

고소하고 깊은 맛의 생크림은 파스타나 스테이크의 소스뿐만 아니라 디저트에도 주로 사용된다.
센 불에서 오래 끓이면 분리현상이 일어나므로 소스 등을 만들 땐 특별히 불 조절에 주의해야 한다.

마스카르포네 치즈

Mascarpone

이탈리아 북부 롬바르디아(Lombardia)지방의 치즈로 우유에서 크림을 분리해 만드는 크림치즈이다. 진하고 부드러우면서 신맛도 함께 지닌 마스카르포네 치즈는 티라미수를 만들 때 없어서는 안되는 치즈. 파스타, 디저트, 제과용으로도 사용된다.

페코리노 치즈

Pecorino

양젖으로 만든 페코리노 치즈는 진하고 자극적인 맛과 향을 지녔으며 크림처럼 흰색을 띈다.
페코리노는 이탈리아 중,남부 지역에서 주로 만들어 지는데 그중 가장 유명한 것이 로마지역의 페코리노 로마노(Pecorino Romano)라고 하는 것이다.

버터

Burro

우유의 지방만을 분리하여 생크림을 만들고 생크림을 세게 휘저어 수분과 분리시켜 엉기게해 응고시킨 것이 버터이다. 북부 이탈리아에서는 파스타를 만들 때 올리브오일의 양을 줄이고 버터의 양을 늘려 사용하기도 한다.

요리의 맛을 살려주는 허브

보다 요리를 맛있게 하기위해 오래전부터 허브를 사용했기 때문에 이탈리아인들은 허브를 아주 자연스럽게 잘 활용합니다. 허브 향 자체가 이탈리아의 향기라 할 수 있습니다. 요리의 맛을 더욱 돋우어 주는 허브는 이탈리아 요리에서 매우 중요한 역할을 하죠. 생 것을 그대로 사용하기도 하고 건조한 것을 사용하기도 하는데 그 맛과 향의 차이가 큽니다. 장시간 오래 끓이고 많이 넣을 때는 소금처럼 요리 전 과정에 걸쳐 2~3번에 나누어 넣는데 처음과 중간에는 건조 허브를 넣고 생 허브는 마지막에 다져서 넣으세요. 그래야 향이 날아가지 않습니다.

이탈리아 파슬리

Prezzemolo

지중해 연안이 원산지인 이탈리아 파슬리는 일 년에 몇 번씩 수확이 가능하다.

생선, 육류, 샐러드, 야채 요리 등에 두루 사용되며 장식용으로도 쓰인다.

파슬리를 파스타에 사용할 때는 요리를 접시에 담고 위에 예쁘게 뿌리는 것보다는 프라이팬에서 함께 섞는 편이 훨씬 향이 높아진다.

바질

Basilico

바질은 산뜻하고 독특한 향기가 특징으로 그 자체만으로도 이탈리아 요리라는 것이 느껴질 정도로 이탈리아 요리의 대표 허브이다.

파스타, 피자, 샐러드에 두루 사용되지만 특히나 토마토가 들어간 음식에는 거의 필수라고 할 만큼 토마토와 찰떡궁합을 자랑한다.

월계수잎

Alloro

깊고 강한 향이 특징인 월계수잎은 그 향이 오래 우러나기 때문에 소스를 만들 때는 처음부터 넣고 오랫동안 끓이는 것이 좋다. 특히 육류나 생선찜을 할 때 사용한다.

넛맥

Noce Moscata

떫고 강한 향의 넛맥은 시금치나 치즈가 들어간 요리에 주로 사용한다. 또한 베샤멜소스를 만들때 빠져서는 안되는 향신료이다. 맛을 최대한 살리기 위해선 열매를 통으로 준비해 두었다가 사용할 때마다 갈아서 쓰는 것이 좋다. 육두구란 이름으로 불리기도 한다.

오레가노

Oregano

자극성이 있는 독특하고 강한 향과 쓴맛이 특징인 오레가노는 토마토와 매우 잘 어울려 피자소스에 필수라고 할 수 있다. 또한 육류의 냄새를 제거하는 역할도 하기 때문에 한식요리에도 가끔 사용한다.

있으면 더 즐거운 조리기구들

요리할 때 꼭 필요한 조리 기구에는 어떤 것들이 있을까?
아무리 밥을 안 해먹는 주방이라도 칼과 도마, 그리고 냄비 하나와 프라이팬 하나 정도는 꼭 있습니다.
파스타 만들 때 있으면 좋을, 요리가 좀 더 즐겁고 폼 나는 조리기구들을 몇 가지만 갖춘다면
왠지 더 자신감이 생길 것 같지 않으세요?

파스타용 냄비

파스타용 냄비는 깊이가 깊고 파스타를 삶아 바로 건질 수 있게 구멍이 뚫린 냄비가 이중으로 되어있는 것이 특징이다. 이런 냄비가 없어도 파스타를 맛있게 삶으려면 물의 양이 넉넉해야 하므로 4리터 이상의 큰 냄비를 준비하면 된다.

프라이팬

재료가 붙지 않고 잘 타지 않는 코팅된 팬이 좋다. 간단한 소스를 만들고, 파스타를 넣어 섞을 수 있는 크기를 선택하면 된다. 24cm , 26cm 정도가 무난하다.

라비올리 커터

톱니바퀴 모양의 라비올리 커터는 속 채운 파스타를 모양내 자를 때 사용한다. 없으면 그냥 칼로~

파스타집게

파스타를 버무리거나 개인 접시에 담을 때 젓가락보다는 집게를 사용하면 훨씬 편리하다.

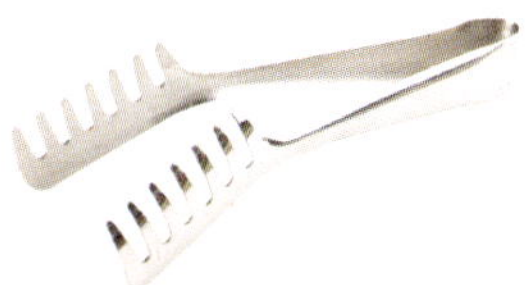

타르트팬

각종 타르트를 만들 때 사용하는 틀로 바닥이 분리되는 것이 훨씬 편리하다.

나무주걱과 포크

코팅 프라이팬을 오래 사용하려면 금속성 재질보다는 나무주걱을 사용하는 것이 좋다. 손잡이가 긴 나무포크는 파스타 삶을 때 면의 상태를 확인하기 위해 몇 가닥 건져낼 때 좋다.

라자냐용기

오븐 파스타를 만들 때 필요한 그릇이다.
주로 세라믹 재질이나
내열유리로 된 것을
사용하면 된다.

파이피커

타르트나 파이 반죽에 숨구멍을 낼 때 사용한다. 포크로 대신할 수 있다.

계량스푼

소량이 들어가는 재료의 정확한 계량을 위해 있으면 좋다.
1큰술(1T=15cc)는 3작은술(3t, 1t=5cc)입니다.

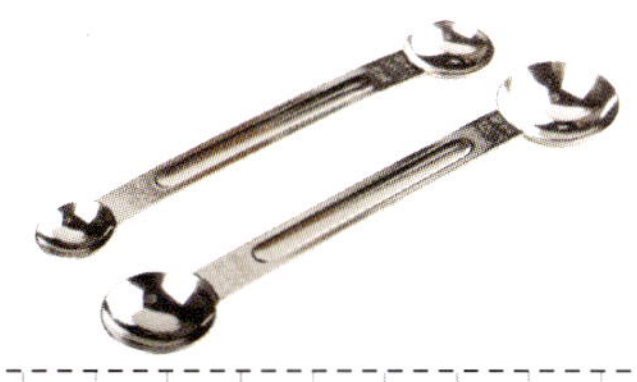

DELCAMPO
KRAFT
100% GRATED
DELIZIE CAMPAGNOLE
DIVELLA
VERDOLIO
ORIGANO
CANNAMELA
CANNAMELA
Timo
foglie
IGOR
Mascarpone
250 g
Filetti di Alici
all'olio di oliva
46 g
Delicius

이탈리아 요리에 필요한 식재료는 어디에서 살까?

예전에는 향신료 하나 사기도 너무 힘들었는데 요즘 대형마트에 가면 웬만한 것들은 다 구입할 수가 있더군요. 백화점이나 대형마트의 식품코너를 직접 돌아보며 쇼핑을 즐기는 것도 좋고, 인터넷 재료상을 비교해 가면서 구입하는 것도 좋습니다.
이 외에 인터넷 쇼핑몰도 여러 곳이 있는데 식재료는 직접 보고 골라야 하는 성격상 잘 이용하는 편이 아닙니다. 작은 인터넷 쇼핑몰보다는 직접 보고 살 수 있는 안전한 백화점이나 대형마트의 인터넷 쇼핑몰을 권합니다.

신세계백화점 강남점
이탈리아 요리에 필요한 모든 것을 갖추고 있다. 각종 파스타, 토마토 가공품, 올리브오일, 발사믹 식초 등. 무엇보다 신선한 허브를 한 번에 사용할 양만큼만 포장되어 적당한 가격에 판매한다는 점이 무척 매력적이다.
Tel 1588-1234

홈플러스 잠실점
24시간 영업을 한다는 것이 가장 큰 장점인 홈플러스.
다양한 치즈종류가 갖춰져 있고 이탈리아 식품 코너가 따로 마련되어 한눈에 필요한 것을 찾기 쉽다.
세계의 다양한 와인이 구비된 대형 와인셀러 형태의 매장은 할인점에서는 볼 수 없던 고급스러움까지 선사한다.
Tel 02-3468-8000

젤 델리카트슨
이태원 하야트 호텔에서 해방촌으로 내려가는 경리단길 왼쪽에 위치한 이곳은 다양한 파스타소스와 치즈 등의 식재료들이 대부분 갖춰져 있고 와인의 종류도 다양하다.
Tel 02-797-6846

코스트코 양재점
(여럿이 함께 나누면 좋은 곳)
각종 치즈와 햄 등 다양한 수입 식품을 구비하고 있어 원스톱 장보기가 가능한 곳이다. 다만 연회비를 내는 회원제로 운영된다는 단점과 대용량으로 판매된다는 점이 조금 아쉽다. 혼자 부담스러운 양이면 둘이나 셋이 나누는 방법도 좋다.
Tel 02-527-5959

한남체인
(세계 모든 요리재료가 한 곳에 모인 듯)
한남동 단국대학에서 남산 쪽으로 올라가는 방향에 수입차 볼보전시장 지하 1층에 있다. 주변에 대사관을 비롯해 외국인들이 많기 때문에 서양요리 재료뿐만 아니라 일본, 중국, 동남아 요리재료까지 갖추고 있고, 다양한 향신료와 시중에서 구입하기 어려운 각종 신선한 허브들을 소량으로 포장해 판매한다.
Tel 02-702-3313

남대문 대도상가 D동 지하
이곳에는 오래된 수입식품점들이 많이 있다. 조그만 가게들이 다닥다닥 붙어있어서 움직이는데 조금 불편한 점은 있지만 재래시장인지라 가격만큼은 다른 곳보다 확실히 싸다. 각종 향신료와 치즈들, 건과일 등을 저렴하게 구입할 수 있다.

Epilogue

Special thanks to

쉼 없이 물을 끓이고 파스타를 삶느라
작은 작업실 전체가 수증기로 가득 찼습니다.
그리고 구석구석 토마토의 향이 배어듭니다.
찬바람 불던 2007년 12월의 날들이 그렇게 지나갔습니다.

여러모로 부족한 제게 책 작업을 하자며 기꺼이 손을 내밀어 주신
파프리카의 박수운씨를 비롯한 모든 분들께 감사드립니다.
작업을 하는 동안 참으로 행복했습니다.

멋진 사진을 찍어주신 포토그래퍼 종범씨와 어시스트 덕민씨,
사진촬영 기간 동안 수원에서 대학로까지 먼 길 오가며 도와준 메잉~ 미영이,
퇴근 후 한걸음에 달려와 묵묵히 뒷정리를 해주던 나의 영원한 꼬맹이 호정이...
그리고 이번 작업을 고민하고 불안해하던 내게 잘할 수 있다며
용기를 준 지금은 너무도 유명해진 나의 오랜 벗인 푸드 스타일리스트 은숙언니...
모두모두 고맙습니다.

무엇보다 마음으로 응원해주는 잔소리쟁이 큰동생 깜무와
미국서 제 몫 다하며 열심히 살고 있는 막둥이 깜미,
물심양면으로 지원해 주시는 나의 엄마 박여사님,
늘 묵묵히 믿고 지켜봐주시는 아빠... 모두모두 사랑하며 감사합니다.

귀한 능력 허락하신 하나님께 감사드립니다.

index

ㄱ

ㄴ

ㄷ

ㄹ

ㅂ

ㅅ

ㅇ

ㅈ

ㅊ

ㅋ

ㅌ

ㅍ

ㅎ

아이러브 파스타

2008년 3월 28일 초판 1쇄 발행
2008년 6월 28일 초판 2쇄 발행
2009년 6월 15일 초판 3쇄 발행
2010년 2월 3일 초판 4쇄 발행
2010년 7월 21일 초판 5쇄 발행

지은이 | 강경아
펴낸이 | 류제동
기획 | 박수운
편집 | 박수운, 김민영
사진 | 김종범
디자인 | DESIGN**EVE**
제작 | 김선형
마케팅 | 윤호성
펴낸곳 | 파프리카

주소 | 경기도 파주시 교하읍 문발리 출판문화산업단지 536-2
전화 | 031-955-6111(대표) FAX 031-955-0956
등록 | 1960년 10월 28일 제406-2006-000035호
문의 | 031-955-0964
홈페이지 | www.paprikabook.co.kr

ISBN 978-89-363-0911-4 13590

값 12,000원 (부록 My Recipes Book 포함)

※ 파프리카는 (주)교문사의 여성 · 실용 전문 브랜드입니다.
※ 잘못된 책은 서점에서 바꾸어 드립니다.

도움을 주신 분들
와인 협찬 | (주)나라식품 www.narafood.com
와인 정보 감수 | 오현숙(소믈리에)